新视域·中国高等院校
视觉传达设计十三五规划教材

网络广告
设计与制作

（新一版）

周 洁 | 著

上海人民美术出版社

图书在版编目（CIP）数据

网络广告设计与制作 / 周洁著. ——2版. ——上海：上海人民美术出版社，2018.6（2022.8重印）
新视域·中国高等院校视觉传达设计十三五规划教材
ISBN 978-7-5586-0938-1

Ⅰ.①网… Ⅱ.①周… Ⅲ.①互联网络-广告-设计-高等学校-教材 Ⅳ.①F713.8

中国版本图书馆CIP数据核字(2018)第113909号

网络广告设计与制作（新一版）
——新视域·中国高等院校视觉传达设计十三五规划教材

策　　划：	孙　青
著　　者：	周　洁
责任编辑：	孙　青
封面设计：	朱琪颖
技术编辑：	陈思聪
出版发行：	上海人民美术出版社
	（上海市闵行区号景路159弄A座7F　邮政编码：201101）
网　　址：	www.shrmms.com
印　　刷：	上海丽佳制版印刷有限公司
开　　本：	787×1092　1/16　9.5印张
版　　次：	2018年6月第1版
印　　次：	2022年8月第4次
书　　号：	ISBN 978-7-5586-0938-1
定　　价：	58.00元

自序

随着互联网的发展,艺术设计专业也正发生着新的"变革"。原来以传统纸媒为主的视觉传达专业也陆续开设了一些数字媒体设计的课程,有的院校则单独开设了数字媒体艺术专业。网络广告设计课程就是在这样的背景下诞生的。在备课期间,我查阅了大量的相关教材,发现很多教材虽写得很好,但对于艺术设计教学来讲并不实用,主要问题有两个方面:第一,偏向理论,容易倾向网络广告学,以市场策划运作为主要内容,对于艺术设计专业学生并不适用;第二,偏向技术制作,纯粹讲软件操作而没有讲设计,类似计算机类的书籍。对于艺术设计专业学生来讲,重要的是将创意表现与网络广告制作技术两者有机结合。本人以此为方向进行了多年的教学探索,希望将自己经验的拙见与同行们分享,共同完善艺术设计专业网络广告设计课程的体系。这本教材是我从开课之初投石探路到现在十余年积累的教学实践经验,此次编写是在第一版的基础上更新了新案例、新作业和新成果,在编写过程中,受到2018年广州市高校创新创业教育项目(201709K23)及2015年广东技术师范学院校级质量工程项目的资助。

本教材的编写主要体现以下几个方面的特点:

一、由于办学体制和办学历史等原因,我国高等艺术设计教育在不同学科背景下呈现出不同的办学类型、办学定位和不同的人才培养规划。由于学校类型、层次和所处地域不同,其生源结构和素质也大不相同。本教材主要适用于以文、理学科为主体的综合性普通院校,并选择以新媒体艺术专业的课程为主,同时对电子商务类专业学生也适用。

二、要以实例教学主导的方式,力求处理好基础理论与实际应用的关系,处理好系统性、完整性与艺术性的关系,并注意教材在教学上的适用性和启发性,着重提高学生分析问题和解决问题的能力。同时还提供了源文件、素材等(请至上海人民美术出版社官网,"课件下载"中下载),便于教师进行教学和学生自学。

三、创新教学方法且可复制,将理论、知识点和方法融入课题教学和课题训练的过程之中。为此，教材中专门设置了独立的以课题训练内容和过程为主的章节，包括课题训练的目的、要求、课时、作业点评等操作性内容。

虽然书稿总算能在约定的时间内完成了，但本人还是战战兢兢、诚惶诚恐，原因是水平有限，书中肯定有很多偏颇与不足之处，为此真心诚意地希望各位同仁、业界专家、同学们提出宝贵意见。此外要感谢孙青编辑，是她不辞辛劳的督促才使我能顺利完成书稿；也要感谢广东技术师范学院美术学院的领导、同事、同学们，是他们的积极参与才使"网络广告设计"这门课程丰富多彩；最后要谢谢的是自己的家人，是他们的宽容与理解才使我能在空余时间完成教材的编写。再次说声谢谢！

周洁

2018年6月1日于广州

目 录

第一章 网络广告概述 / 9

第一节 网络广告基础 / 10
  一 什么是网络广告 / 10
  二 什么是互动广告 / 10
  三 网络广告的功能 / 11
  四 网络广告效果评估 / 12
第二节 网络广告的发展趋势 / 13
第三节 网络广告的形式及案例解析 / 15
  一 按计费划分 / 15
  二 按投放形式划分 / 15
第四节 网络广告的特征及优劣 / 21
  一 网络广告的特性 / 21
  二 网络广告的优势 / 21
  三 网络广告的缺陷 / 21

第二章 网络广告创意思维 / 23

第一节 网络广告创意 / 24
  一 网络广告创意的法则 / 24
  二 网络广告创意表现手法 / 28
  三 关联体元素题材的选择 / 31
第二节 课堂实例教学 / 32
  实训1：从平面海报到网络交互 / 33
  实训2：从户外广告中进行假设 / 39
  实训3：从游戏中体验用户行为 / 40

CONTENTS

第三章　网络广告视觉设计与制作基础/ 41

第一节　网络广告设计基础/ 42
　　一　字体/ 42
　　二　正确设计信息浏览方向/ 44
　　三　加入图片"3B"原则/ 45
　　四　避开广告条的边缘/ 45
　　五　压缩文件大小/ 45
第二节　网络广告构成设计/ 46
　　一　目标明确，主题鲜明/ 46
　　二　形式与内容统一/ 46
　　三　强调整体/ 46
第三节　Photoshop制作静态Banner/ 49
第四节　PhotoShop制作Gif动画广告/ 54

第四章　Flash动画网络广告设计 / 57

第一节　认识Flash动画软件/ 58
　　一　Flash动画的基础知识/ 58
　　二　Flash操作界面/ 59
　　三　Flash新增功能/ 60
　　四　Flash的发展方向/ 60
第二节　用Flash制作动画Banner/ 62
实训1：Swishmax创建具有豪华文字效果的广告条/ 62
实训2：使用位图Flash广告条制作/ 66
实训3：用蒙版功能创建特效Flash广告条制作/ 71
实训4：综合运用实例/ 73

目 录

第五章　ActionScript交互式网络广告设计 / 79

第一节　认识ActionScript / 80
　　一　Flash AS2.0与AS3.0的定义 / 80
　　二　AS的发展过程 / 80
　　三　认识ActionScript 2.0开发环境 / 81
第二节　网络广告中常用的交互技术 / 84
　　一　帧事件 / 84
　　二　鼠标和键盘事件 / 84
　　三　摄像头、麦克风 / 84
　　四　影片剪辑 / 84
第三节　交互设计制作实训 / 85

课题一　鼠标交互类网络广告设计制作 85
实训1：鼠标跟随——天猫圣诞中大奖篇 / 85
实训2：鼠标滑动——米其林轮胎视频播放器 / 88
实训3：鼠标点击——CS反恐精英射击游戏 / 91
实训4：鼠标上下帧——给房间换新装 / 94
实训5：鼠标拖曳——NRDC物种多样性拼图游戏 / 97
课题二　按键控制交互式广告设计制作 / 100
实训1：输入文本框——梦幻西游穿越篇 / 100

CONTENTS

实训2：键盘控制——打地鼠游戏篇/ 103

课题三 麦克风、摄像头、打印机网络广告设计制作/ 108

实训1：麦克风——吹气小黄人/108

实训2：摄像头——朋克发型设计网络广告/110

实训3：打印机——卡通填色打印输出/112

课题四 虚拟现实网络广告设计与制作/114

实训1：全景图交互/114

实训2：三维动画交互/116

实训3：影像交互/119

第四节 课后练习及作业评析/ 123

第六章 广告条目标网页及网站设计 / 125

第一节 广告条目标网页设计/126

一 目标网页的相关知识/126

二 目标网页的设计整体要求/127

三 目标网页的版式设计/128

四 目标网页设计制作实例/129

第二节 网站类网络广告设计制作/ 131

一 全Flash网站规划/131

二 全Flash网站类网络广告和单个Flash广告条制作的区别/133

三 常用制作技术/133

实训1：网站架构/135

实训2：弹性弹出式菜单组/138

实训3：进度条/142

第三节 课后练习及作业评析/145

CHAPTER 1
网络广告概述

第一章

第一节　网络广告基础

一　什么是网络广告

网络广告，顾名思义就是在因特网上出现的广告，它是网络营销中应用最为广泛的一种，就是广告主以付费的方式运用互联网作为与公众交流的媒介发布信息，以达到商业营销的新的广告形式。其特征是具有极强的互动性，用户除了被动接受广告信息外，还可以积极地参与到广告作品中，甚至可以影响广告作品的呈现。

网络广告作为一种广告活动，它必须具备以下四个条件：内容主题、受众、时间、媒介或载体。离开其中任何一个条件都构成不了网络广告。网络广告作为一种广告手段是符合人类自然沟通行为的一种双向沟通理念，它区别于传统的广告方式。

网络广告因其可选择性观看的交互特点，使得这种广告形式拥有更加丰富的传达手段，更加广泛的应用范围。因此，在其创作过程中会涉及更丰富的艺术门类，对创作者的要求也更高。

同时，互动艺术作为一种新兴的综合艺术形式也拥有这样的特点，其表现手段、应用范围也几乎囊括了当前时代下的影视艺术和平面艺术，使得互动广告创作者有了更加深层的挖掘空间和灵感来源。

二　什么是互动广告

互动（或称交互Interactive）广告是指任何要求或允许浏览者做出行动的广告。从最广泛的意义上说，对横幅的点击也可以算是一种交互。不过，我们通常把"行动"定义为发出请求或在网页上查找详细信息。《交互广告学》里给出的互动广告的定义为：是由确定的发起人利用可即时参与和修改的、可以包括执行交易和支付功能的数字交互媒介，促使消费者对其所传递的产品、服务或观点进行反馈，从而增加产品销售和品牌资产的双向循环交流行为。交互广告的形式主要有因特网广告、交互电视广告、移动电话广告等。

互动广告以巧妙构思和与计算机高新技术的融合，获得难以想象的展示效果，使广告深入人心，现在常见情景互动广告和感应互动广告。

1　情景互动广告

是指需要广告画面外的物体来参与的广告，一种新颖而独特的广告形式。案例一、二分别如图1、图2所示。

2　感应互动广告

以计算机视觉和虚拟现实等技术为基础，使普通广告能够根据人体动作而产生相应变化。例如和协岛数码科技有限公司虚拟现实试验室开发的"灵动视窗"和"掌上视界"等系列产品，把单一的平面广告改造成极具趣味性和互动性的多媒体广告，开创广告史上的革命。如图，普通玻璃窗经过改造，其中海洋动物可根据参与人员动作做出各种反应，切换各类广告，且玻璃窗两面都能观看到效果，能够吸引过往消费者的注意，从而起到良好的广告作用。

图1　Revita情景互动户外广告

图2　指甲油情景互动户外广告

三 网络广告的功能

1 品牌推广

网络广告最主要的效果之一就表现在对企业品牌价值的提升上，这也说明了为什么用户在浏览时没有点击网络广告，却同样会在一定时期内产生效果。在所有的网络营销方法中，网络广告的品牌推广价值最为显著。同时，网络广告丰富的表现手段也为更好地展示产品信息和企业形象提供了必要条件。

2 网站推广

网站推广是网络营销的主要职能，获得尽可能多的有效访问量也是网络营销取得成效的基础，网络广告对于网站推广的作用非常明显，通常出现在网络广告中的"点击这里"按钮就是对网站推广最好的支持，网络广告（如网页上的各种Banner广告、文字广告等）通常会链接到相关的产品页面或网站首页，用户对于网络广告的每次点击，都意味着网站访问量的增加。因此，常见的网络广告形式对于网站推广都具有明显的效果，尤其是关键词广告、Banner广告、电子邮件广告等。

3 促进销售

用户由于受到各种形式的网络广告吸引而获取产品信息，这已成为影响用户购买行为的因素之一，尤其当网络广告与企业网站、网上商店等网络营销手段相结合时，这种产品促销活动的效果更为显著。网络广告对于销售的促进作用不仅表现在直接的在线销售，也表现在通过互联网获取产品信息后对线下销售的促进作用。

4 在线调研

网络广告对于在线调研的价值可以表现在多个方面，如对消费者行为的研究、对于在线调查问卷的推广、对于各种网络广告形式和广告效果的测试、用户对于新产品的看法等。通过专业服务商的邮件列表开展在线调查，可以迅速获得特定用户群体的反馈信息，大大提高了市场调查的效率。

5 顾客关系

网络广告所具有的对用户行为的跟踪分析功能，为深入了解用户的需求和购买特点提供了必要的信息，这种信息不仅成为网上调研内容的组成部分，也为建立和改善顾客关系提供了必要条件。网络广告对顾客关系的改善也促进了品牌忠诚度的提高。

6 信息发布

网络广告是向用户传递信息的一种手段，因此可以

图 3 节能灯户外感应式广告

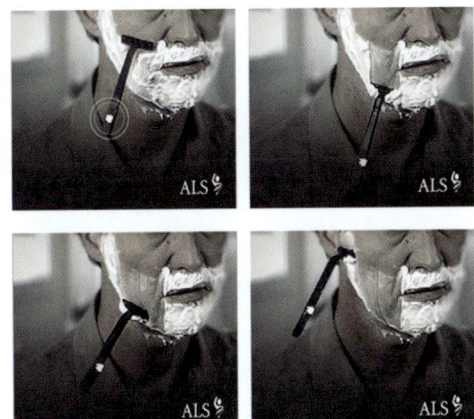

图 4 ALS 剃须刀网络互动广告

如图 3所示节能灯户外感应式广告，这个广告牌的设计者使用运动传感器来吸引从它下面走过的人。当行人走过灯泡下面，灯泡就变亮，这样谁还会记不住这款节能灯呢！

如图4所示ALS剃须刀网络互动广告，拖拽剃须刀来完成剃须的整个过程，互动性比较强。

当前互联网时代，网络是互动广告最大且最为普遍的媒介或载体。所以，我们通常又称之为"网络广告""网络营销"等。所以，互动广告往往是通过"网站"或"网络广告条"等终端来展现在我们面前的。

理解为信息发布的一种方式。通过网络广告的投放，不仅可以将信息发布在自己的网站上，也可以发布在用户数量更多、用户定位程度更高的网站，或者直接通过电子邮件发送给目标用户，从而获得更多用户的注意，大大增强了网络营销的信息发布功能。

四　网络广告效果评估

网络广告使用一些专门的软件（如 WebTrends、Accesswatch 等），可随时监测广告发布的情况，并能进行分析、生成相应报表。广告主可以从市场研究监测公司购买或委托软件公司专门设计需要的广告管理软件，用以对网络广告进行监测、管理与评估，以便随时了解在什么时间、有多少人访问过载有广告的网页，有多少人通过广告直接进入到广告主自己的网址，等等。统计 HTML 表单的提交量以及 E-mail 的数量在广告投放后是否大量增加，以此来判断广告投放的效果。如果投放之后目标受众的反应比较激烈，反馈大量增加，则可以认为广告的投放是成功的。一般而言，成功的网络广告具有以下几个特征：从外界发回的企业电子邮件的数量增加 2—10 倍；在 2—3 个月的周期内，向企业咨询广告内容的电子邮件和普通信件明显增多；广告发布后 6 个月至 2 年内，由广告带来的收益开始超过广告支出。

1　评估的意义

通过网络广告效果的评估，可以检验原来预定的广告目标是否正确，网络广告形式是否运用得当，广告发布时间和网站的选择是否合适，广告费用的投入是否经济合理，等等。从而可以提高制订网络广告活动计划的水平，争取更好的广告效益。

① 提高广告水平

通过收集消费者对广告的接受程度，鉴定广告主题是否突出，广告诉求是否针对消费者的心理，广告创意是否吸引人，能否起到良好的效果，从而可以改进广告设计，制作出更好的广告作品。

② 促进广告业务

由于网络广告效果评估能客观地肯定广告所取得的效益，可以增强广告主的信心，使广告企业更科学地安排广告预算，而广告公司也容易争取广告客户，从而促进广告业务的发展。

2　评估的原则

评估工作必须要达到测定广告效果的目的，要以具体的、科学的数据而非虚假的数据来评估广告的效果。所以，那些掺入了很多水分的高点击率等统计数字，若用于网络广告的效果评估中，是没有任何意义的，是无效的。这就要求采用多种评估方法，多方面综合考察，使对网络广告效果进行评估得出的结论更加有效。还有相关原则要求网络广告的效果测定内容必须与广告主所追求的目的相关，DAGMAR(Defining advertising goals measured advertising results) 方法是这一原则的很好体现。举例来说，倘若广告的目的在于推广新产品或改进原有产品，那么广告评估的内容应针对广告受众对品牌的印象；若广告的目的是在已有市场上扩大销售，则应将评估的内容重点放在受众的购买行为上。

3　具体评估指标

网络广告效果的评估指标有以下几种。广告主、网络广告代理商和服务商可结合自身广告效果评估的要求，运用这些指标进行综合效果评估。

① 点击率

指网上广告被点击的次数与被显示次数之比。它一直都是网络广告最直接、最有说服力的评估指标之一。点击行为表示那些准备购买产品的消费者对产品感兴趣的程度。因为点击广告者很可能是那些受广告影响而形成购买决策的客户或者是对广告中的产品或服务感兴趣的潜在客户，也就是高潜在价值的客户。如果准确识别出这些客户，并针对他们进行一些有效的定向广告和推广活动，可以对业务开展有很大的帮助。

② 二跳率

当网站页面展开后，用户在页面上产生的首次点击被称为"二跳"，二跳的次数即为"二跳量"，二跳量与浏览量的比值称为页面的二跳率。该值初步反映广告带来的流量是否有效，同时也能反映出广告页面的哪些内容是购买者所感兴趣的，进而根据购买者的访问行径，来优化广告页面，提高转化率和线上交易额，大大提升了网络广告投放的精准度，并为下一次的广告投放提供指导。

③ 业绩增长率

对一部分直销型电子商务网站，评估他们所发布的网络广告最直观的指标就是网上销售额的增长情况。因为网站服务器端的跟踪程序可以判断买主是从哪个网站链接而来、购买了多少产品、什么产品等情况，从而，对于广告的效果有了最直接的体现和评估。

④ 回复率

网络广告发布期间及之后一段时间内客户表单提交量，公司电子邮件数量的增长率，收到询问产品情况或索要资料的电话、信件、传真等的增长情况，等等。回复率可作为辅助性指标来评估网络广告的效果，但需注意它是否是由于看到网络广告而产生的回复。

⑤ 转化率

"转化"被定义为受网络广告影响而形成的购买、注册或者信息需求。有时，尽管顾客没有点击广告，但仍会受到网络广告的影响而在其后购买该商品。

第二节 网络广告的发展趋势

早在网络广告刚进入中国的时候，新浪的王志东就指出：“网页上的广告再也不是广告的索引，它变成了广告本身。”既然是广告，就自然要担负起塑造品牌形象的功能。全球最大的网络广告公司 Double Click 首席执行官 Kevin O'Connor 日前指出，就品牌形象广告效果来看，网络表现次于平面媒体但高于电视，广告主不应一味重视网络广告的点选率而忽视广告的形象宣传效果。可见，网络广告在品牌塑造方面的功能已被提到了一个很重要的位置。

追本溯源，网络广告发源于美国。1994 年 10 月 27 日是网络广告史上的里程碑，美国著名的 *Hotwired* 杂志推出了网络版的 *Hotwired*，并首次在网站上推出了网络广告，这立即吸引了 AT&T 等 14 个客户在其主页上发布广告 Banner，这标志着网络广告的正式诞生。更值得一提的是，当时的网络广告点击率高达 40%。中国的第一个商业性的网络广告出现在 1997 年 3 月，Intel 和 IBM 是国内最早在互联网上投放广告的广告主，传播网站是 Chinabyte，广告表现形式为 468×60 像素的动画旗帜广告，IBM 为 AS400 的网络广告宣传支付了 3000 美元。中国网络广告一直到 1999 年初才稍有规模。历经多年的发展，网络广告行业经过数次洗礼已经慢慢走向成熟。

2013 年资源推介会在北京召开，吸引了超过 100 家广告主参加。会上，不少广告主向《经济参考报》记者表示，这种类似于电视台广告招标会的活动，说明广告主对互联网作为广告投放渠道越来越重视。而作为一家具有代表性的互联网企业，此次优土"广告招标"的火爆场面，反映出网络广告市场的快速增长势头，这将成为未来互联网行业发展的一大利好。

在采访中，多位广告主和广告代理商表示，受国际金融危机影响，国内外多数企业近年来的经营情况并不理想，因此从 2011 年开始，部分企业开始大幅度削减在报纸、杂志和电视等传统媒体上的广告投放，转而增加了费用相对较低、投放更为精准的互联网广告的投入。"我们跟踪了过去一年在互联网上投放广告的效果，发现和传统媒体上投放的效果一样好，甚至超过了传统媒体，因此决定 2013 年将加大在互联网广告上的投入。"一位来自深圳的企业家这样说。而一家北京的广告代理商则表示，一些国内外知名品牌的客户，都要求加大在互联网广告上的投入，如图 5 至 8。

根据艾瑞咨询和易观国际等第三方机构的数据，在过去 5 年中，进行互联网广告投放的广告主，一直保持

图 5　互动通 / 浮层式网络广告

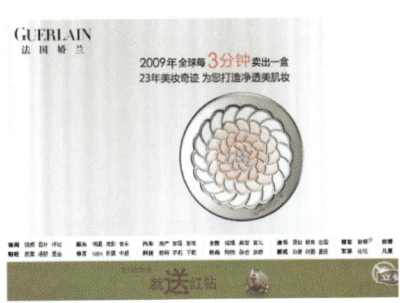

图 6　互动通 / 推移式网络广告

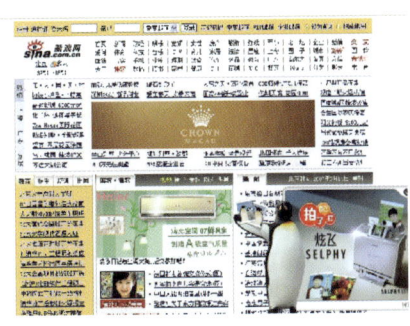

图 7　互动通 / 视窗网络广告

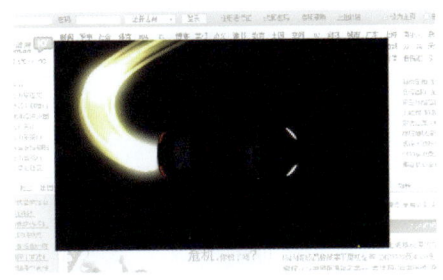

图 8　风神汽车《行云流水》网络广告

着快速增长的态势。特别是品牌企业的增速更为迅猛，从2007年的不足1500家，增长到2011年的超过1万家，年平均增长率超过110%。而在市场规模方面，过去5年也保持着年平均50%左右的高速增长。艾瑞咨询最新数据显示，2012年第二季度，国内网络广告市场规模为189.3亿元。《2012—2017年中国网络广告市场现状及发展趋势》预测，2012年全年国内网络广告市场规模将达到800亿元，到2017年网络广告市场规模不但仍能保持每年50%左右的高速增长，还将有望超过电视广告的市场规模。

业内人士认为，在未来5年中，随着三网融合（广播电视网、电信网与互联网）以及移动互联网的发展，网络广告市场规模的增速可能要远远高于预期。优酷CEO古永锵指出，随着访问量的不断攀升，移动互联网将成为全新的广告投放渠道，相应的广告投放将出现爆发式增长。他以视频网站的情况举例，当视频网站的年访问量超过1亿次后，广告投放出现爆发式增长。有统计显示，2012年优酷网、土豆网来自移动互联网的访问量已经超过了1亿次，这意味着移动互联网的广告投放即将开始高速增长。

多数互联网业内人士向《经济参考报》记者表示，网络广告市场规模不断扩大，并保持迅猛增速，对整个互联网行业而言，也是一大利好。IT业资深分析师王一江表示，广告收入仍是多数互联网企业的主要收入，并且在收入中占据了相当大的比重。因此，网络广告市场规模的扩大及不断增长，将确保互联网企业获得稳定而持续的收入来源。一方面能使互联网企业维持正常的经营，逐步改变国内互联网行业"烧钱"的现状，使整个行业得以健康发展；另一方面，互联网企业通过广告费用盈利后，还能够进一步投入研发，推出新的产品和服务，使得企业和行业保持长久的创新活力。

在短短几年的时间内，网络广告经历了螺旋式上升发展历程。从以精准投放为诉求吸引广告到回归传统媒体的广告营销策略，再跃升到新的精准投放模式。在2000年以前，以新媒体身份登场的网络媒体面对成熟的传统媒体，大多采取了以精准投放为诉求的网络广告营销模式。金融危机的影响已波及全球，各国经济增速放缓，都面临着极大考验。在这样的大环境下，国内企业同样无法免遭全球经济困局的影响，面对危机对自身发展的冲击，企业纷纷缩减开支和控制成本。因此，在企业的广告投入方面，将更加倾向于选择低成本、高效率的投放渠道。在这样的背景下，互联网广告异军突起，并一枝独秀，逆势增长。2008年第三季度，美国网络广告收入达59亿美元，创造了历来第二佳绩。

随着国内互联网尤其是电子商务的迅速发展，互联网广告在企业营销中的地位和价值越显重要。选择互联网商业手段，将成为中国企业的必经之路。

第三节　网络广告的形式及案例解析

一　按计费划分

1　按展示计费

CPM广告（Cost per mille/Cost per Thousand Impressions）：每千次印象费用。广告条每显示1000次（印象）的费用。CPM是最常用的网络广告定价模式之一。

CPTM广告（Cost per Targeted Thousand Impressions）：经过定位的用户的千次印象费用（如根据人口统计信息定位）。CPTM与CPM的区别在于，CPM是所有用户的印象数，而CPTM只是经过定位的用户的印象数。

2　按行动计费

CPC广告（Cost-per-Click）：每次点击的费用。根据广告被点击的次数收费。如关键词广告一般采用这种定价模式。

PPC广告（Pay-per-Click）：是根据点击广告或者电子邮件信息的用户数量来付费的一种网络广告定价模式。

CPA广告（Cost-per-Action）：每次行动的费用，即根据每个访问者对网络广告所采取的行动收费的定价模式。对于用户行动有具体的定义，包括形成一次交易、获得一个注册用户，或者对网络广告的一次点击等。

CPL广告（Cost for Per Lead）：按注册成功支付佣金。

PPL广告（Pay-per-Lead）：根据每次通过网络广告产生的引导付费的定价模式。例如，广告客户为访问者点击广告完成了在线表单而向广告服务商付费。这种模式常用于网络会员制营销模式中为联盟网站制订的佣金模式。

3　按销售计费

CPO广告 Cost-per-Order）：也称为 Cost-per-Transaction，即根据每个订单/每次交易来收费的方式。

CPS广告（Cost for Per Sale）：营销效果是指销售额。

PPS广告（Pay-per-Sale）：根据网络广告所产生的直接销售数量而付费的一种定价模式。

二　按投放形式划分

网络广告早期由于硬件和网络环境的限制，其展现形式极其有限。广告主要以文本链接广告、网幅广告、电子邮件广告等形式为传播手段。随着互联网技术、硬件的快速发展，传统互联网广告越来越不能满足需求，多媒体互动广告出现、发展和逐渐成熟并得到了充分应用。到现在，我们已进入移动互联网时代，以手机等为载体的新媒介的诞生，成为网络广告中的新秀和未来，移动网络互动广告将越来越重要。

1　网幅广告

网幅广告（Banner）又名"旗帜广告"，是最常用的广告方式。通常以 Flash、GIF、JPG等格式定位在网页中，同时还可使用 Java等语言使其产生交互性，用Shockwave等插件工具增强其表现力。

网幅广告因为不可能占据太大的空间，所以在设计上往往只是提示性的——可能是一个简短的标题加上一个标志或简洁的招牌，但一般都具有链接功能，暗示你用鼠标点击或直接加上"Click me(here)""点击此处请进入"的字样，引你走向更深处，去了解更详尽的广告信息。

常见尺寸(pixels) 类型如图9所示：
　　468×60 全尺寸 Banner
　　392×72 全尺寸带导航条 Banner
　　234×60 半尺寸 Banner
　　125×125 方形按钮
　　120×90 按钮 #1
　　120×60 按钮 #2
　　88×31 小按钮
　　120×240 垂直 Banner

网幅广告分为三类：静态、动态和交互式。
　① 静态

静态的网幅广告就是在网页上显示一幅固定的图片，以 GIF、JPG等格式建立的图像文件，定位在网页中，大多用来表现广告内容的网络广告形式，它也是早年网络广告常用的一种方式。优点就是制作简单，并且被所有的网站所接受。它的缺点也显而易见，在众多采用新技术制作的网幅广告面前，它就显得有些呆板和枯燥。

如图 10，这是 Wacom数位板中的一张商品展示的静态图片 Banner，Banner中简单的背景与精美的图片互相映衬，既能突出文字的表意，又可以将视觉停留在精美的图片之上。
　② 动态

以一连串动态或闪烁的静态图片形成的具有动态效果的动画。通常采用 GIF、SWF等格式，通过不同的画面，传递给浏览者更多的信息，这种广告并不复杂，尺寸也比较小。正因为动态网幅广告拥有如此多的优点，所以它是目前最主要的网络广告形式。

中国移动于亚运会期间在新浪网上投放的 SWF格式的 Banner设计，可爱的卡通人物手持手机的造型，既诠释了产品特性，又体现出无线客户端的特点，如图11所示。

③ 交互式

当动态网幅广告不能满足要求时，一种更能吸引浏览者的交互式广告产生了。交互式广告的形式多种多样，比如游戏、插播式、回答问题、下拉菜单、填写表格等，这类广告需要更加直接的交互，比单纯的点击包含更多的内容。交互式广告分为 Html和 Rich Media两种。

Html Banner：Html Banner允许浏览者在广告中填入数据或通过下拉菜单和选择框进行选择。根据我们的经验，Html Banner比动态 Banner的点击率要高得多，它可以让浏览者选择要浏览的页面，提交问题，甚至玩个游戏。这种广告的尺寸小、兼容性好，连接速率低的用户和使用低版本浏览器的用户也能看到。

如阿里巴巴在 Yahoo!中国上投放的 Html Banner，通过选择页面的不同目录，用户就可以直接链接到阿里巴巴的相关页面。实际上，这个 Banner已成为一个小型的搜索引擎入口。

2 文本链接广告

以一排超文本链接或者简单的 Logo图标作为广告切入点，点击可以进入相应广告的目标页面。这是一种位置最为灵活，对浏览者干扰最少，访问速度最快，较为有效的网络广告形式。有时候，最简单的广告形式效果却最好。

该类广告的优点是对用户阅读网站造成的影响较小，能达到软性宣传的目的。但是此广告是通过文字来传达信息的，在做的时候就会有一定的挑战性。越是短小的广告越难做，因为从一句话里传达的信息是有限的，如何发挥这句话的作用就必须要好的创意。文本链接广告的费用一般也比较低。

3 电子邮件广告（EDM 邮件直投）

一般采用文本格式或 Html格式，把一段广告性的文字放置在新闻邮件或经许可的 E-mail中间，也可以设置一个 URL，链接到广告主公司主页或提供产品服务的特定页面。邮件广告做得越简单越好，文本格式的电子邮件广告兼容性最好。

它具有针对性强、费用低廉、用户群大的特点，且广告内容不受限制。特别是针对性强的特点，它可以针对具体某一个人发送特定的广告，为其他网上广告方式

图9 网幅广告尺寸图

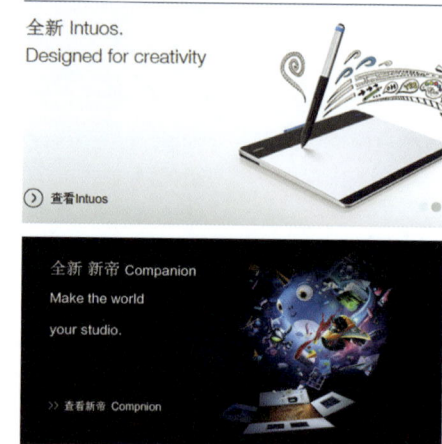

图 10 Wacom 数位板 Banner 广告

所不及，在直复营销 (Direct Marketing)方面的应用最为广泛。如图 12所示是 Envato网站发来的"免费主题下载月"直邮广告，标题中简洁清晰的信息一目了然。

4 富媒体网络广告

富媒体 (Rich media)是指使用浏览器插件或其他脚本语言、Java语言等编写的具有复杂视觉效果和交互功能的网络广告，这些效果是否有效，一方面取决于站点的服务器端设置，另一方面取决于访问者的浏览器是否能顺利查看。一般来说，Rich Media能表现更多、更精彩的广告内容。富媒体广告属于宽带广告的一种，除了提供在线视频的即时播放之外，内容本身还可以包括网页、图片、超链接等其他资源，与影音作同步的播出，大大丰富了网络媒体播放的内容并提升它呈现的效果。据美国 DoubleClick调查结果显示，富媒体广告的点击率是普通广告的6倍。主要有以下 4种：

① 使用JAVA语言开发的 Applet

表现复杂的交互性和特殊视觉效果，无需插件，下载速度快。缺点是制作技术复杂。

② 使用 Macromedia Shockwave/Flash插件编写的 Banner

能用较少的文件字节表现动态的矢量图形和渐变效果，这一技术正在被越来越广泛地应用。缺点是浏览器需要安装插件。

a 案例一：

奥迪广告——如图 13所示，通过鼠标滑动代替汽车方向盘转动，用文字的不同走向模拟汽车的离心运动。

b 案例二：

John Lewis 2011广告——如图 14所示，通过滑动圆形按钮进行不同场景的切换，动态效果好，广告信息较为丰富。

c 案例三：

IKEA"not lonely Christmas"——如图 15所示，为了确保大家不在圣诞节落单，宜家发布了"No Empty Chairs at Christmas"的圣诞"交友"平台。其实就是邀请陌生人在圣诞期间来自己家"做客"。有人孤独过节，而你的餐桌前正好有一张空位置，那么请热情地迎接这位寂寞人吧！在这个平台上，你可以选择扮演客人或是主人的角色，以上传头像的方式做客或是请客。

③ JavaScript编写的 Banner

主要提供交互性功能，可以把标准的 Windows控件插入到 Banner中，我们经常看到的含有下拉式列表框的动态 Banner、浮动图标等都属于这个范畴。

a 案例一：

如图 16所示，淘宝网在新浪网上的定向

图 11 中国移动 Banner 广告

图 12 Envato 网站直邮广告

HtmlBanner,这则广告是淘宝网在新浪上投放的网络定向直投广告 Html Banner,通过选择页面的不同目录,用户就可以直接链接到淘宝网的相关页面。

b 案例二:

如图 16所示,京东商城在搜狐中国上投放的 Html Banner与淘宝网的 Html Banner,这两则实际上为直投式网络广告,是基于中国电信宽带接入网,通过对用户上网行为的分析,在用户上网时、或正在上网的过程中,系统主动、定向、策略性、个性化地向用户推送广告宣传信息。并可以根据用户当前浏览的网站类型,匹配对应的行业关键字,根据行业关键字向用户推送动画、声音、视频、游戏等多媒体交互式广告。

④ V-Banner

V-Banner是将 3至 5秒的视频剪辑内容集成到传统的广告 Banner中,以增强广告的视觉冲击力,几乎所有的浏览器用户都可以顺利查看而无须担心是否已经安装了必要的插件。

Rich Media广告涵盖了相当广的网络广告类型,除了上面提到的几类外,还有使用 InterUV、Enliven、ActiveAds、Onflow、VRML等技术的广告,只是这些技术在国内还没有实际的应用,就不在这里详细地介绍了。

5 移动网络互动广告

相对于其他广告形式,移动网络广告借助于移动终端所特有的硬件或传感器特性,可以具有更强的达到率、互动性、定位能力、传播性、交易能力等广告特点,如 AR、二维码、蓝牙广告、LBS,基于位置的营销活动互动、与其他媒体的网络互动广告。

移动网站互动广告以移动终端浏览器为基础,以移动网页为展现形式的广告,如:移动网页上的文字链接广告、图片广告以及品牌活动等广告形式。

① APP植入广告

以 APP为广告载体,在 APP启动或运行中,植入了 IAD、AdMob等第三方广告。

② APP互动展现广告

APP本身即为互动广告的营销平台,如:宜家、Converse等 APP应用。

a 案例一:

如图 17所示,荷氏"扫一扫,有惊喜"抽奖活动规则广告案例。氩氪互动为了提升中国消费者对荷氏薄荷糖的黏着性的了解,并加强传递"深呼吸,我可以"的讯息,邀请消费者在每个购买的荷氏薄荷糖上扫描二维码,来引导消费者到手机的活动页面,参与游戏。并且通过荷氏的官方微博,搜集消费者对于"何时合适食荷氏"的想法,配合手绘漫画生动地表现出荷氏薄荷糖其实一直都跟我们生活在一起。氩氪互动通过如此线上线

图 13 奥迪网络广告

图 14 John Lewis 2011 网络广告

图 15 IKEA 网络广告

下的相互结合，在活动的初期已获得很大反响。通过创新的方式，成功吸引了潜在购买者，并创造了持续性的品牌卷入体验。这种广告模式是以 APP为基础，常以免费"APP+广告"的模式出现。

b 案例二：

如图 18所示，IKEA：AR把家具直接搬进家。宜家从 1951年起便推出了产品目录，在 2011年发布了 iOS 版本，虽然扫一扫就可以全方位地了解产品，不过宜家觉得还不够！这次推出的2014商品目录就新加了增强现实 APP，让您体验不用把家具搬回家就可以了解它是否适合您的家居整体风格。首先，你必须扫描目录页，接着你只需要把产品目录放在你想要摆放家具的位置上，然后选择家具。你就可以在屏幕上看到你所选中的桌子、椅子或是沙发等放在家中的模样，把家具拉出来，与实际的居家环境来一个结合，带给使用者更好的购物体验。

图 16 京东商城、淘宝网 Html 广告

c 案例三：

如图 20所示，Converse AR互动营销 APP，和之前宜家的 APP创意如出一辙，都是借助增强实景技术，让消费者虚拟体验商品，然后促进购买。

d 案例四：

如图 19所示，iPad 内嵌入式广告展示，晃动 iPad，下面 Banner中的相机会根据 iPad的晃动角度旋转不同视图，点击 Banner后全屏显示，手可以拖动相机 360° 旋转，以展示相机的各个角度。

6　赞助式广告

赞助式广告(Sponsorships) 是网络广告形式的一种。赞助有三种形式：内容赞助，节目赞助，节日赞助。广告主可对自己感兴趣的网站内容或节目进行赞助，或在特别时期(如澳门回归纪念日、世界杯）赞助网站的推广活动。

赞助式广告一般放置时间较长，且无需和其他广告轮流滚动，故有利于扩大页面知名度。广告主若有明确的品牌宣传目标，赞助式广告将是一种低廉而颇有成效的选择。赞助式广告确切地说是一种广告投放传播的方式，而不仅仅是一种网络广告的形式。它可能是通栏式广告、弹出式广告等形式中的一种，也可能是包含很多广告形式的打包计划，甚至是以冠名等方式出现的一种广告形式。

7　插播式广告（弹出式广告）

访客在请求登录网页时，强制插入一个广告页面或弹出广告窗口。它们有点类似电视广告，都是打断正常节目的播放，强迫观看。插播式广告有各种尺寸，有全屏的也有小窗口的，而且互动的程度也不同，从静态到

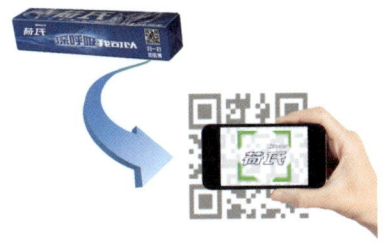

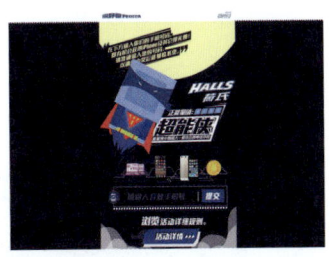

图 17 荷氏"扫一扫，有惊喜"APP 广告

动态的都有。浏览者可以选择关闭窗口而不看广告(电视广告是无法做到的)，但是它们的出现没有任何征兆，而且肯定会被浏览者看到。

8 其他新型广告

① 屏保

屏保能在计算机空闲时以全屏的方式播放动画，并且能配上声音，可以说屏保是 PC 上最好的广告载体。许多知名品牌都制作了自己的屏保程序放在网上供用户下载，并且用户也会使用 E-mail 来传递屏保程序。好的屏保可以得到相当广的流传，制作公司可以用很小的投入换来极佳的宣传效果。

② 书签和工具栏广告

软件会在用户安装的同时，在用户的浏览器工具栏上生成广告的按钮。

③ 指针

通过使用软件，用户可以指定任何图片成为鼠标的指针，用户所浏览的网页也可指定特定的图片成为指针的形状。比如，一家网上花店，可以把鼠标设定成一朵花，当用户点击他所要订购的花卉时，鼠标指针又变成"打 ×折"的字样。要使用这种鼠标，用户一定要下载并安装 Comet systems 软件，虽然这是一个极其简单的过程，但也会成为用户使用它的一个障碍，除非今后的 Internet Explorer 或 Netscape 内置这种功能，否则用户的数量将会非常有限。

图 18

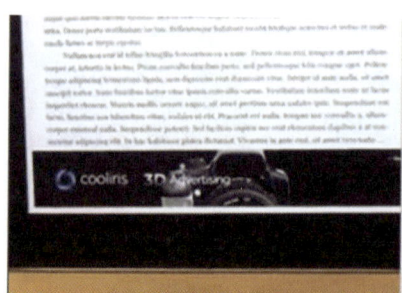

图 19

图 20

第四节　网络广告的特征及优劣

一　网络广告的特性

1　首先是它的现实性

这是因为网络广告是属于广告的范畴，它是现实的。它不属于艺术活动，它是创意者通过对产品特点和内涵的理解和判断，理性地向广大受众推荐的现实活动。

2　其次是它的艺术性

这里的艺术性是现实活动的艺术。它的艺术性在于它具有统一的整体感和协调感，即互动作品中的各种元素（视觉形象、语音、乐曲、时间、场景、情节等）形成一种相互依存、相互协调的美感。同时，互动广告不是单纯的艺术形式，它还具备着绘画、电影、音乐、雕塑、游戏等艺术门类的特点，并将其与互动融为一体，形成具有独立特征的艺术形式。

3　再次是它的鼓动性

没有鼓动性，就不能成为广告，平面广告也好，视频影视广告也好，都必须具备强烈的鼓动性。这是因为：

① 人类都有追求美的渴望，互动广告作品传播了美，自然会引起共鸣。
② 网络广告作品的视觉形象、文字、语言、声音以及创新的互动形式的结构、节奏、情节等均能打动观众。
③ 网络广告的直观性使其与听众直接交流，极易感染和打动受众。可以说，鼓动性是互动广告成功与否的一个标志。
④ 还要提到它的工具性，网络广告是一门科学、一门艺术，更是一个工具，是人类传播信息的工具。任何信息都可以通过这种工具来传播。

二　网络广告的优势

互动广告应用了先进的互动传播新技术，采用了先进的互动传播新技术和更加合理的互动传播模式，突破了时间和空间的限制，信息传播无论在量上还是在速度上，都远远超过了传统广告。同时，提升了消费者接受或传播广告信息的便利性、低成本性和时效性。尤其是，互动广告建构了传受双方互为主体的关系，无限释放了消费者的广告参与热情，激发了他们创作广告、传播广告的欲望。由此，也形成了互动广告相对于传统广告的诸多优势，主要表现如下：

① 广告表现更生动。
② 时效性更强效率更高。
③ 无限的接触时间或空间。
④ 信息内容与形式的个人化。
⑤ 精准地投放与效果测量。
⑥ 可实现广告效果直接转化为销售额。

三　网络广告的缺陷

当个人有能力而且有动机去处理信息时，态度说服通过中枢路径发生，此时信息论点被认为强而有力，人们会仔细思考而产生联想，使态度朝信息主张的方向改变。也就是说，在这个条件之下，广告通过中枢路径的信息较有效果；当人缺乏动机或能力去处理信息时，态度说服的发生是通过周边路径，即人们决定是否改变态度，是根据一些周边线索来判断，并不是通过仔细思考信息内容而来。也就是说，在这个条件之下，广告通过周边路径的说服较有效果。由此可见，互动广告只适用于部分受众、部分产品。对于信息处理能力和动机低的受众、低涉入产品类型，互动广告的作用并不大。

大概也只有深入地了解网络广告的历史及其利弊等多方面问题的人，才能算得上是真正成功的网络广告设计师。在制作广告之前，先一步掌握了策划意图及市场推广需求，才能够创作出更贴合市场的广告设计作品。所以在第一章课程，就先了解一下网络广告的出现背景、发展历史，以及它所具备的各种特点。一位优秀的设计师不应该只是能够做出几件漂亮的作品，更应该具备设计领域相关的文化与技术的深厚底蕴。

课堂讨论

1 结合自己的所见所闻,谈谈我国网络广告发展中存在的问题。

2 在国内外网站上点击一些网络广告,体验网络广告的效果。

3 将自己看到的优秀的广告创意搜集起来,下堂课给大家展示并点评。

CHAPTER 2
网络广告创意思维

第二章

第一节　网络广告创意

创意表现是网络广告设计的一个重要环节，也是将抽象的营销概念转化为具体的表现形式的视觉化过程。在网络广告中，首先广告公司的创意人员根据广告主（即广告的传播者）所提供的广告讯息，展开市场调查，确定广告的目标受众群体。广告受众即广告所针对的目标对象，也可以解释为广告讯息的接收者。网络广告的受众就是广大上网的人——网民，所以，企业做线上网络广告就必须去研究目标市场（区域）的网民构成特征、消费行为等，做到有的放矢，这也是任何广告的一个基本要求。然后进行一系列的分析整理，确立目标群体最常浏览的网站作为广告载体后，选择广告创意的策略和方向，也就是创意的定位。接下来才是进行创意的具体过程，通常会先确定广告文案或称广告语，然后围绕广告语进行创意构思，最后由设计师进行视觉设计制作网络广告。整体流程我们可以参考图1。

```
确定目的 → 确定目标群体 → 广告创意及策略 → 设计表现
```

- 网络广告目标是通过信息沟通使消费者产生对品牌的认识、情感、态度和行为的变化，从而实现企业的营销目标。
- 确定网络广告希望让哪些人来看，确定他们是哪个群体、哪个阶层、哪个区域。
- 要有明确的标题、简洁的广告信息，发展互动性，合理安排网络广告发布，确定网络广告费用预算，设计好网络广告的测试。
- 广告形式 广告文案 创意角度 相关元素 交互形式 画面表现

图 1

一　网络广告创意的法则

创意是对传统的叛逆，是打破常规的哲学，是破旧立新的毁灭与创造的循环，是思维碰撞，智慧对接，是具有新颖性和创造性的想法。网络广告媒介与传统广告媒介最大的不同之处是，网络广告媒介所具有的实时互动性，因此也被称为互动媒介。在网上，人们可以自主地搜索、选择广告，想看什么就看什么，对于受众，这种广告媒介更具自主性和娱乐性。因此，网络广告在传统媒体广告创意原则的"关联性、原创性、震撼性"基础上还加上"互动性"的原则，前面三个原则是关联性（Relevance）、原创性（Originality）和震撼性（Impact）。三个原则的缩写就是 ROI，ROI理论是一种实用的广告创意指南，是 20世纪 60年代的广告大师威廉·伯恩克创立的 DDB广告国际有限公司，根据自身创作经验积累总结出来的一套创意理论。该理论的制造者伯恩克是唯情派广告的旗手，是艺术派广告的大师。他认为，广告是说服的艺术，广告"怎么说"比"说什么"更重要。

1　关联性

网络广告关联性原则要求根据特定的互联网用户群体特征，找到这类人群的心理和情感的诉求点，将创意和广告主题、消费者心理因素关联起来。

所谓关联性就是说广告创意的主题必须与商品、消费者密切相关。伯恩克一再强调广告与商品、消费者的相关性，他说过："如果我要给谁忠告的话，那就是在他开始工作之前要彻底地了解广告代理的商品，你的聪明才智，你的煽动力，你的想象力与创造力都要从对商品的了解中产生。"他还指出："你写的每一件事，在印出的广告上的每一件东西，每一个字，每一个图表符号，

图 2

每一个阴影,都应该助长你所要传达的信息的功效。你要知道,你对任何艺术作品成功度的衡量是以它达到的广告目的的程度来定的。"如图 2 所示,九阳豆浆机的广告创意:传递健康家庭生活方式的品牌形象,通过采用蓝天、绿地、爱心等元素传递出绿色环保、健康和爱,很好地展现了广告诉求。

如 3 网易女人频道下的一个具有怀旧感的专题 Banner,在画面的创意上用了旗袍、女性、老爷车、老照片等元素,并运用了棕色怀旧的色调,处处体现广告主题。

中国移动无线音乐咪咕汇的广告创意:由无数个心形组成的咪咕,化身爱的播放器,只要鼠标点击其中一颗心,便会弹出一曲爱的旋律,一句爱的感言。创意生动地展现了中国移动无线音乐盛典"音乐·爱"的活动主题,见图 4。

图 3

图 4

2 原创性

司空见惯的创意往往不能引起观众的注意和兴趣。所谓原创性,即广告创意应与众不同,创意思维特征就是要求"异",但这种求异思维是有参照系的思维。

如图 5 所示,大众车采用了先进的后视摄像头,当倒车的时候可以让你充分了解车后发生的状况。为了说明这一点,设计公司创作了一则非常有创意的互动 Banner:当你点击 Banner 后,大众车倒出了广告画面,而且继续倒回到用户原先访问的页面。广告语:后视摄像头,让你清楚地知道后面是什么。

Arkaden 交互拍照广告:Arkaden 是一家著名的大型购物中心,为了配合商场秋季 Campaign,代理公司 Kokokaka 为 Arkaden 搭建了一个特别的互动站点——Fashion Photo Project,只要点击鼠标,就可以轻松抓拍出绝对专业的时装大片。在创意方面,模特身着当季服装通过网站窗口摆出 Pose,通过滑动鼠标选择摄影视角,只要点击鼠标就能抓拍出一张张前卫时髦的时装大片,之后还可将照片分享到社交网络,成为令人艳羡的时尚摄影大师。

雪佛兰汽车广告:鼠标晃动会画出汽车行驶的路线,页面上的汽车会跟随这条路线来行驶。当鼠标晃来晃去的时候,画面就像被施了魔法一样,你怎么操控,它就怎样播放。

图 5

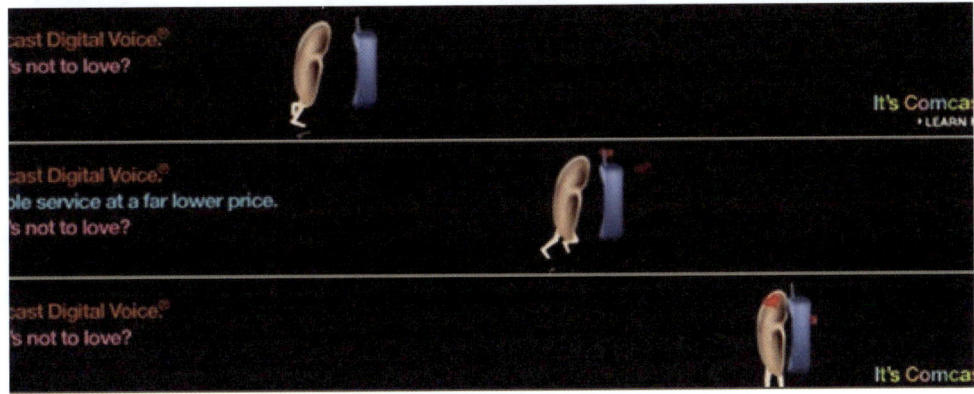

图 6

如图6所示是一个数字电话的互动广告：用户在Banner上左右滑动鼠标，画面上的耳朵就会不停地跟着手机跑来跑去，当追到后就开心地放出心形。

3 震撼性

震撼性。所谓震撼力，就是指广告作品在瞬间引起受众注意并在心灵深处产生震动的能力。一条广告作品在视觉和听觉甚至心理上对受众产生强大的震撼力，其广告信息的传播效果才能达到预期的目标。

AAA汽车保险公司的广告创意：运用交互视频技术，虚拟再现了一起交通事故如何发生，并可选择回放，从多个角度去重复这起交通事故，给观众强烈的震撼力，从而加深广告印象(图7)。

下面三则是One show青年创意大赛上获奖的网络广告作品，通过网络的特定载体充分体现了创意带给观众的震撼力。

NRDC公益广告：大家都知道全球变暖导致海平面的上升，巧妙运用网页为载体，用文字被淹没的方式借喻海平面上升的情形，震撼人心(图8)。

NRDC公益广告：全球变暖导致冰川融化。将不断出现的冰块作为元素，当鼠标触碰的时候，冰块即可融化，并弹出"You can't catch the ice today!"(图9)。

NRDC公益广告：用鼠标拖曳的方式表现节能减排的概念。画面一开始是白色的，一辆汽车自动绕着地球行驶，树越来越少，天空逐渐变暗，当鼠标经过汽车时会变成自行车并反向运动，还原绿色和蓝天(图10)。

王老吉对联广告：将对联式发挥到极致。当消费者有很强烈的反响时，就说明了你的广告具备了震撼性。有时，人们不常注意的事实真相就具有震撼人心的效果(图11)。

情感诉求的广告就是让消费者在浓厚的情感氛围中获得商品的信息，使消费者不自觉地产生情感共鸣，强化对产品的好感。怀旧广告是情感表现广告的一种重要的形式。每个人内心深处总有些美好的记忆和深深怀念的故事。把消费者这些记忆深处的故事挖掘出来，引起消费者感情上的共鸣，让产品巧妙地融入其中，传递商品的信息，将能起到很好的广告效果。

从ROI创意理论来看，关联性、原创性和震撼性在逻辑上存在着先后的关系，在作用上各有不同，独立而联系，相互之间不能取代。

因此，ROI创意理论认为，广告创意如果与商品之间缺乏关联性，就失去了创意本身的意义，而如果没有原创性，就缺乏广告作品的吸引力和生命力。最后，广告创意如果没有震撼力的话，则又谈不上有什么传播效果。当然，一个创意要同时具备这三个要素也着实不易。要达到这三者的完美结合，就必须深刻地了解消费者、

图7

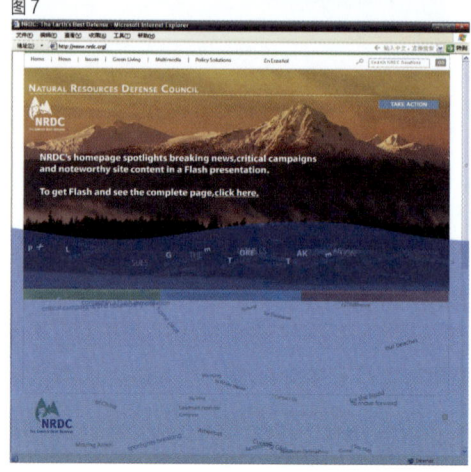

图8

图9

图10

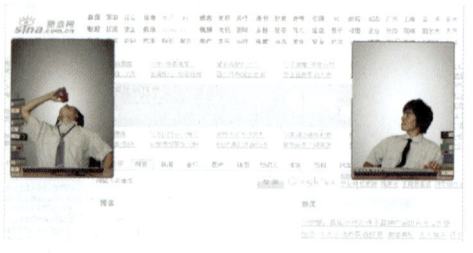

图11

了解市场，清楚产品的特点、明确商品的定位，才能准确有效地传达商品的信息。

4 互动性

互动性是网络广告不同于传统广告媒体的独特之处，网络载体本身有着其自身的媒体属性，主要是借助人机交互来实现创意过程，按照不同的人机输入终端我们可以把网络广告的互动手法分为以下几类：

① 鼠标交互式

鼠标是我们日常生活和工作中使用最频繁的终端之一，通过鼠标动作（比如点击、滚动、滑动等）可以触发广告或者与广告中的元素进行交互，下面是几个鼠标交互的典型案例。

如图 12所示，BFD Builder网站创意独特新颖，打破一贯的速食订购模式。用户不仅可以根据自己的喜好，订制属于自己的 PIZZA，而且还能身临其境体验当PIZZA师傅的感觉。

Cappy(Juice) 广告：运用时间轴效果，通过滑动滑块展现果汁的生产过程，生动有趣，如图 13所示。

PUMA互动广告：画面上有一根鞋带吸引你去拖曳，使用鼠标拖曳的时候，会曳出一双运动鞋，形象地说明了 PUMA的运动鞋是如此轻薄，如图 14所示。

Mini cooper广告：当你拖曳这家伙的嘴角时，就从微笑变成了这副样子，与很 Q很可爱的 Mini cooper 相呼应，娱乐性很强，如图 15所示。

WWF：将地球向左边转，回复到绿色的世界；而将地球向右转，则城市变荒漠。通过对事件的选择，交互时间会变化出不同的结果，娱乐性十足，见图 16。

图 12

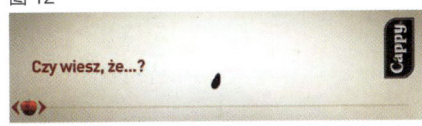

图 13

图 14

图 15

图 16

② 键盘交互式

通过键盘按键进行信息输入、交互控制，以下是几个案例。

Zoronto Zoo 广告：企鹅的动作与字母开关相匹配，用户通过键盘输入信息，见图17。

PiezaCoche 广告：通过键盘的上下左右键来控制车辆的行驶，趣味性强，见图18。

③ 摄像头＆麦克交互

通过摄像头、麦克实时获取用户信息并且更新到广告中，互动性、趣味性比较强。

Axtel 广告：通过电脑上的麦克设备与广告作品交互，声音越大越明显，见图19。

ThinkPad 20周年广告：来自不同国家和地区的人们，通过摄像头与画面上的蜡烛组合成一张吹蜡烛的照片，共祝 ThinkPad 20周年生日快乐，虚拟的交互式体验增加了娱乐性，见图20。

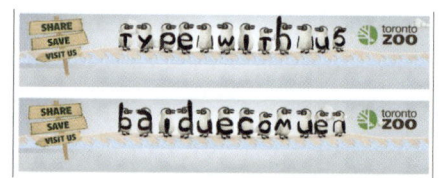

图 17

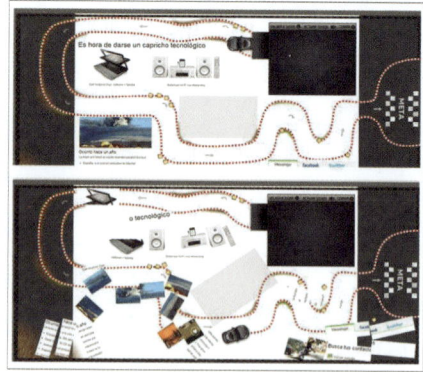

图 18

二　网络广告创意表现手法

广告要达到促销的目的，不能单纯地认为表现热销的广告画面就可以了，而是指广告效果的热销。晏殊写富贵，不用金、玉、富、贵字眼，而写诸如"笙歌下楼台"等富贵气象，不着一字而尽得风流。但有的人写富贵，满纸都是金银玉器，反而不得富贵要领。德国有一家鱼餐馆想告诉顾客它的海鲜很新鲜，老板只在门前架起一个大木架，架上晒着一张正在不断滴水的渔网。一切尽在不言中。所以广告创作要讲究沟通的技巧。比喻、象征、借代、拟人等，就是经常被采用的创意表现手段。如果不直接陈述商品，却让人接收到有关的商品信息，让消费者在不知不觉中受到影响，激起购买欲望，这才是高明的广告。

商品广告最重要的是传达商品的有效信息。为了强调商品的特点，生动形象地表达商品的个性特征，广告常常需要为产品找一个关联体，把产品的有关特征从关联体身上反映出来。

广告创作的一个根本要求就是新颖，广告必须有所创新以区别于其他的商品和广告，创新首要突破常规的禁锢，善于寻找诉求的突破。广告怎样才能令人感到耳目一新呢？可以从以下几个方面着手。

图 19

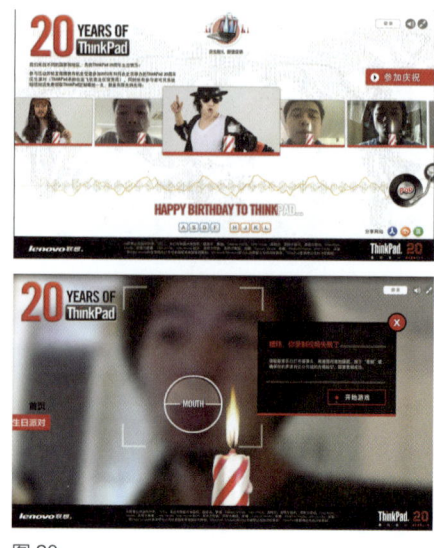

图 20

1　直接手法

直接展示法是将产品或主题直接如实地展示在网络广告中，充分运用技术媒体的表现力，将产品的外观、特点、质感等特质表现出来，给人以逼真的现实感，使消费者对所宣传的产品产生一种真实感。如图21所示，FoodPornIndex是由高端果汁公司Bolthouse Farms首创的美食图片互动网站。它通过追踪和统计各大社交网站上出现的24种食物的标签，将网页上的图片分类成一半果蔬一半垃圾食品，每一种食品在社交网站上被提及的次数，网友可以一目了然。并且这个网站不只是为了提供实时的数据更新，更是给网友一种有趣的可视化体验——点击每一个食品图标，便会出现一个互动环节。比如你点击"Snack"按钮，就会看到一堆小零食在屏幕上螺旋式地转动了起来，同时屏幕中央会出现一个提示窗口："提醒。你的计算机已经被小零食攻击啦！"Bolthouse Farms开发这个图片数据网站的用意不仅仅为吸引网友来购买公司的果蔬产品，更是为了改变人们对果蔬的看法，倡导健康的饮食习惯。

2　USP手法

USP理论是Unique Selling Proposition的缩写，直译就是"独特的销售主张"。其基本点是，每一个广告商品都应有自己独特的销售主题，这个销售主题应包含以下三个要素：这个产品给消费者带来具体的好处；这一功效必须是独一无二的，没有被其他竞争者宣传过；这一主题必须能够推动销售的重要承诺或保证。

宝洁公司每推出一款产品，都会把商品给消费者带来的具体好处说得清清楚楚，既独一无二，又有销售力度。海飞丝的诉求点是"去头屑"。飘柔说的是："洗发、护发二合一，令头发飘逸柔顺。"潘婷的特点是："含维他命原B5，兼含护发素，令头发健康，加倍亮泽。"近年推出的洗发水润研又有与其他产品不同的功能"黑发，专为中国女性设计"。舒肤佳的诉求是"洁肤且杀菌"，并通过显微镜对比，突出唯有其取得了中华医学会的认可。

喜欢汽车的用户一定对Mini Cooper这款身形娇小价格不菲的"豪华宠物"轿车印象深刻，正如其名Mini就是它的USP，如图22所示以Mini为核心的创意表现手法独显其身份特征。

3　玄虚手法

广告贵在创意。有创意，才有魅力。玄虚式表现手法就是吊足胃口，制造悬念，有意隐去其"庐山真面目"，延长人们对广告内容的感受时间，诱导人们带着疑问弄

图21

图22

个明白，迫不及待想看到"谜底"，为以后加深广告印象埋下伏笔。如米其林轮胎的一则在线活动广告。开始向用户提出"你向往怎样的极致驾驶"的问题，接着"米其林助你抵达心之所向"，激起用户想进一步了解的愿望，这是2014年3月4日上海为米其林轮胎量身设计的"极致驾驶体验"数字活动正式上线："每个人的心里都有一个地方，一直想去却从未抵达，现在，你终于有机会心向往之，行必能至。从即日起至4月2日止，登录米其林极致驾驶体验活动网站，观看视频，回答旅行问题，即可产生专属你的极致体验之旅结果。分享至新浪微博，获得越多人转发或者点赞，就越有机会亲自驾驶梦幻超跑，前往梦想旅程，实现你的极致驾驶体验！"

图 23

4 幽默手法

幽默是生活中一种不可缺少的精神食粮。幽默式广告语是指读起来令人觉得有趣或可笑的，而实际上充满创意者智慧和想象力的广告语。幽默式广告语的特征之一，就是令人发笑，使人觉得有趣。幽默式广告语被人们广泛使用，原因主要是人类的心理需要放松、舒缓。因此，这种幽默式广告常常具有动人的吸引力，能够使人们对广告产品产生浓厚的兴趣。中国式药妆第一品牌CE本草为旗下一款单品所做的宣传视频，在劣质广告泛滥成灾、消费群体心理排斥力越来越强的今天，唤起了人们久违的亲切感，简简单单的元素构成凸显了小成本里的大智慧，也让动画广告在E时代下被赋予了更为广阔而美好的前景。

如图23所示，日本电通公司的一则《安室奈美惠 vs ANDROID Coca-Cola Zero Wild Care》插播式网络广告，采用全幅的画面瞬间覆盖显示屏。生活中有很多素材可以用在广告上，从生活中来，到生活中去。广告应该来源于生活，又高于生活，是艺术化了的生活。

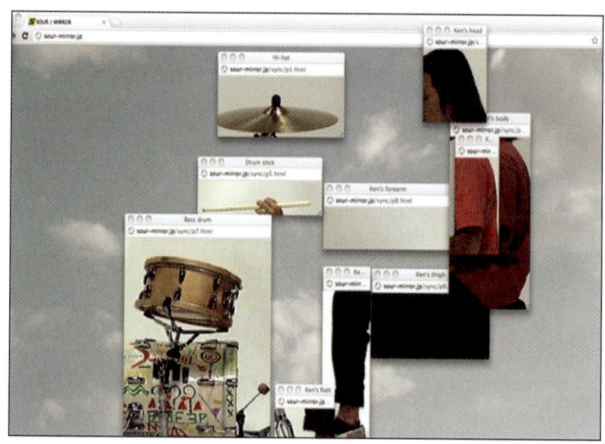

图24 日本乐团 Sour 的最新互动视频广告

5 解构手法

解构手法是将原来的概念或元素打散分解之后，再进行大胆重构，从而呈现新视像，给人以新联想的创意手法，也可以理解为旧元素新组合。旧元素是消费者司空见惯的或非常熟悉的。从一个新的角度重新运用这些旧元素，可以达到出奇制胜的效果。如一则酒的平面广告：画面是一个人正在倒酒，这个人穿的汗衫上印有爱因斯坦的头像。奇就奇在，汗衫上的爱因斯坦伸出舌头，而这个人倒出的酒刚好经过爱因斯坦的舌头。乍一看，就像是爱因斯坦伸出舌头品尝美酒。如果是高科技的产品用爱因斯坦做广告，人们会习以为常，但用于酒的广告就出人意料了。

如图24中展现的Google的互动广告：日本乐团Sour的最新互动广告视频，结合不同的社交媒体最新的互动视频反映了今年的两个潮流：多个视窗弹出以及使用者个人资讯与音乐视频结合。去年，Sour乐团的音乐视频"每日的声音"获得好评。它是使用歌迷们的图像去制作迷人的效果。该新视频"镜子"呼应了之前Arcade Fire的The Wilderness Downtown。这次则是需要使用者的个人资料(在这个案例里，你可以使用Facebook、摄像头或是Twitter)，进步成为观众的多视窗体验。这部影片的一开始是使用Google搜索(这里以Creative Review为例)。然后，它会以找到的图像为您建构一个行走的人，这个人会游走在你的网站、Wikipedia或是其他相关页面上，最后停留在Twitter上。这个砖块人在走过你在Google地图上的位置后，最后组成了Sour乐队。很多个乐团的成员会出现在视窗上。最后这个视频以摄像头所创建的图片群拼成表演画面。

三　关联体元素题材的选择

两者的关联性越强，消费者就越能够理解，广告效果也就越好。关联体可以是生活中人们所熟悉的具体的人、物、事，也可以是为消费者广为认同的道理、观念。名人广告中的名人也可以作为产品的关联体，广告中的名人的个性特点应该与产品的特色相吻合。

1　关联体必须具备的特性

① 关联体是生活中司空见惯的；
② 关联体是生动、形象的；
③ 关联体是为大众所喜爱的；
④ 关联体与商品特性的关联强。

2　常用元素分类

① 热点事件作为元素；
② 当红明星的头像；
③ 卡通形象；
④ 打折促销的字眼；
⑤ 动画视频等动态元素。

课堂讨论

问题：请从案例中总结出网络广告创意形式的特征。
学生答 1：娱乐性和趣味性。
学生答 2：广告效果好。
学生答 3：在同样的尺寸内容能放置更丰富的内容。
学生答 4：更新速度快，环保。

参考答案

我们从刚才的讨论中可以总结出交互式广告创意的互动性、停留性、多样性和及时性几大特点。

当然，交互式广告也有其一定的弊端，比如说广告本身的数据量比较大（在宽带有限的情况下，体验性就会急剧下降）、浏览器兼容问题等。但是交互式广告多样的形式是很值得推崇的，尤其是在商业产品中。在为广告主追逐商业利润的同时，用户体验也是非常重要、不可或缺的部分。在设计广告时，如何在商业和体验之间找到平衡点，是一个非常值得研究的问题，交互式广告恰好提供了一种新的思路。

第二节　课堂实例教学

如何将传统创意思维转化为交互思维？
　　通过对第一节课所讲的精彩网络交互式广告案例的分析，作为初学者的你们觉得交互创意从何而来？
　　我觉得，我们可以从大量优秀作品中获取灵感，比如说平面海报、影视作品、网络游戏和户外广告，等等。

现在就从平面海报、游戏和户外广告中来看看，如何将这些作品的创意用交互式的方式来呈现，主要从动态化、立体化和互动的角度来考虑。思维不要直线式，多用逆向、横向的多向性思维方式，如图25、26所示。

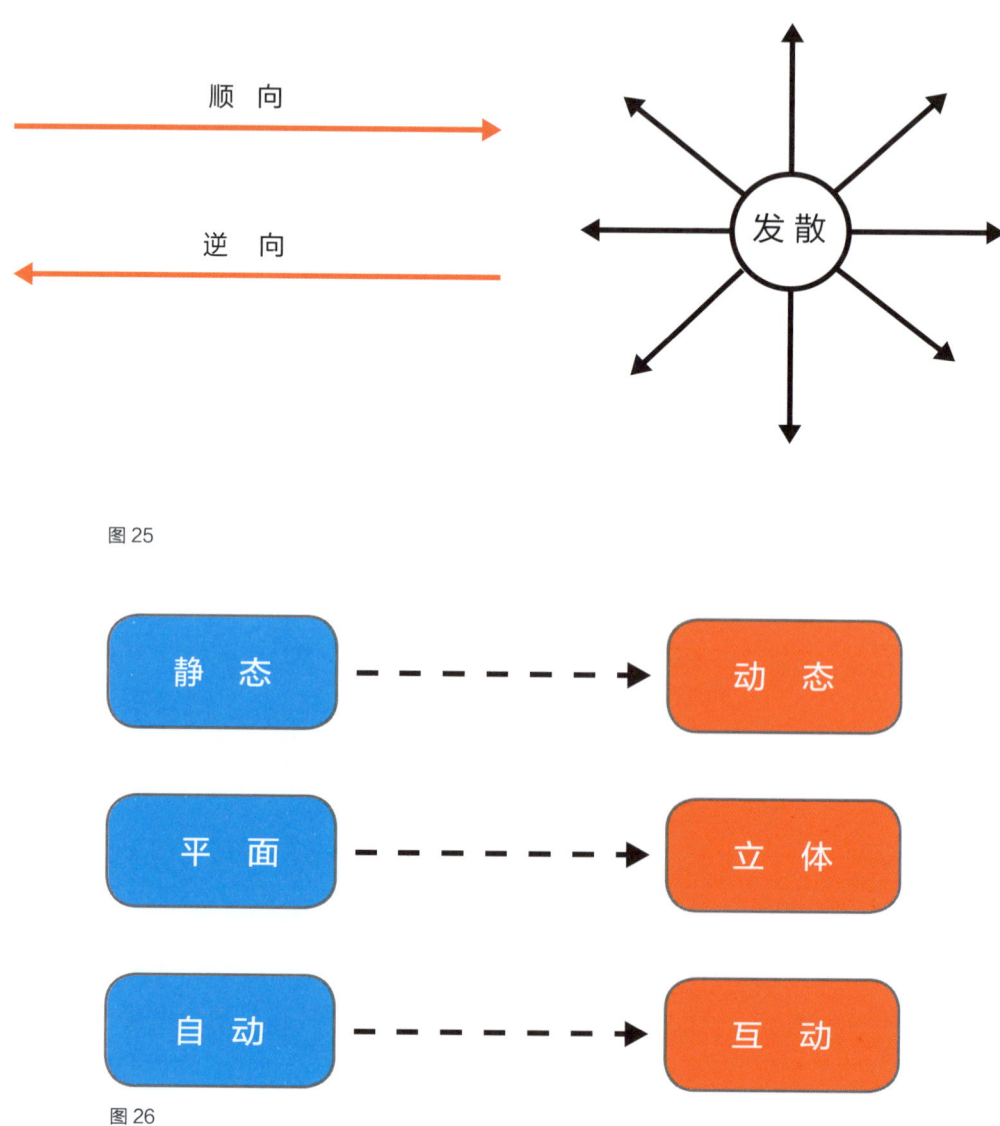

图 25

图 26

实训1：从平面海报到网络交互

训练1

1 教师引导

观看右边平面海报，这是在设计基础课程上看到过的福田繁雄的招贴作品。用图形的方式表达反对水污染的主题，见图27。

2 作业及具体要求

① 作业内容

把这个创意转化为鼠标交互的形式。运用发散性思维方式尽最大可能地思考不同的交互创意方案，不少于三个方案。

② 具体要求

a 互动形式：任选一种或几种前面所学的交互创意形式。

b 尺寸：按照网络广告尺寸基本规格，任选一种尺寸。

c 创意过程：交互过程用多个分镜图来进行表现，彩色黑白均可。

3 学生作业点评

① 学生方案一

a 互动形式：鼠标滑动

b 尺寸：468px×60px

c 创意过程：开始时，画面为健康游水的鱼，鼠标滑动时，画面向下展开至全景画面，前面的干涸的土地上一堆鱼骨的情景，见图28。

图27

教师点评：
将鼠标滑动的技术展现得十分充分，创意简明而巧妙，用户体验很好。

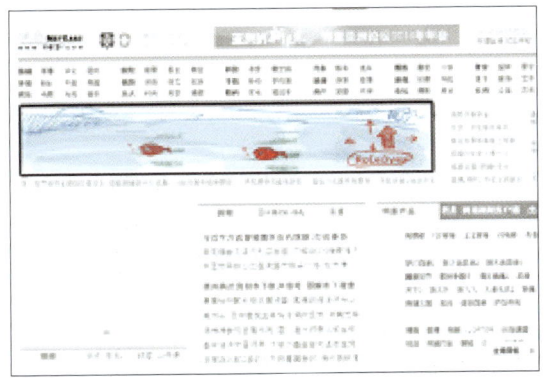 

图28

② 学生方案二

  a 互动形式：鼠标拖曳

  b 尺寸：300px×400px

  c 创意过程：画面一分为二。上边白色净水，下边黑色污水，左边鱼儿游动，提示鼠标按住鱼儿向右拖曳，拖曳到右边之后即刻变为白骨，见图 29。

> **教师点评：**
> 鼠标拖曳结合鱼和鱼骨的相互转化，形式新颖，交互效果好。

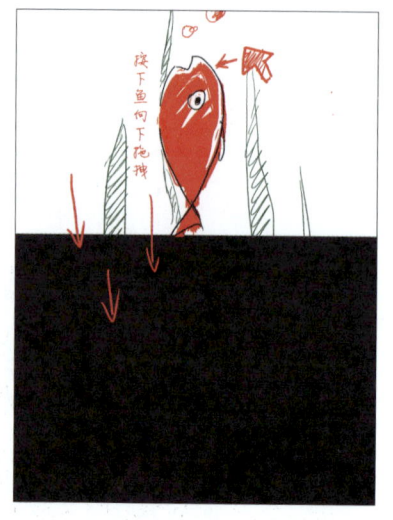
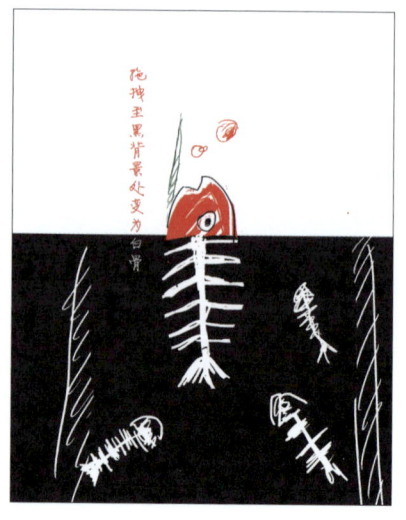

图 29

③ 学生方案三

  a 互动形式：鼠标跟随、滑动

  b 尺寸：468px×60px

  c 创意过程：一开始，几条鱼正在清澈的水里游来游去，将一个正在倾倒污水动画效果的水管影片剪辑元件作为鼠标跟随，当鼠标移入场景时，鼠标移过画面之处水即刻变为黑色，鱼变成白骨，见图 30。

> **教师点评：**
> 将鼠标跟随与滑动交互结合使用，该学生思路很灵活。

图 30

训练 2

1 教师引导

观看右图平面海报,这张同样是来自福田繁雄的招贴作品 *VICTORY1945*。用图形的方式来表达反对战争的主题,见图 31。

2 作业及具体要求

① 作业内容

把这个创意转化为鼠标交互的形式来表现,运用发散性思维方式尽可能地思考不同的交互创意方案,并用分镜图来进行表现,不少于三个方案。

② 具体要求

a 互动形式:任选一种或几种前面所学的交互创意形式。

b 尺寸:按照网络广告尺寸基本规格,任选一种尺寸。

c 创意过程:交互过程用多个分镜图来表现,彩色黑白均可。

3 学生作业点评

① 学生方案一

a 互动形式:点击

b 尺寸:全屏的浮层式广告

c 创意过程:这张招贴可以转化为交互小游戏。运用鼠标点击炮筒,炮弹飞快地弹出,不一会儿炮弹反向回来,并且夸张地面向画面正前方,就好像正对着用户发射过来,爆炸,夸张的声响给人以直观的感受,见图 32—34。

> **教师点评:**
> 将炮筒图形的角度转为正面朝向远方。这首先是从平面到立体的思维转化。借助于动画效果,并通过点击的手法很好地实现了网络交互式的创意思维转化。

图 31

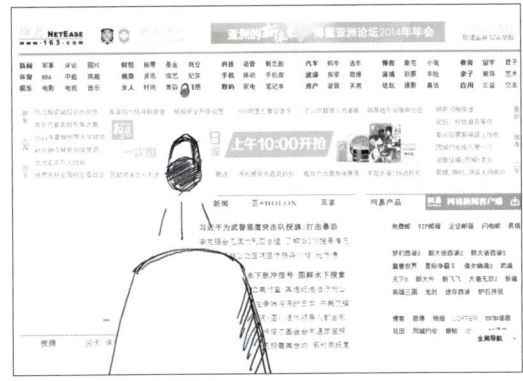

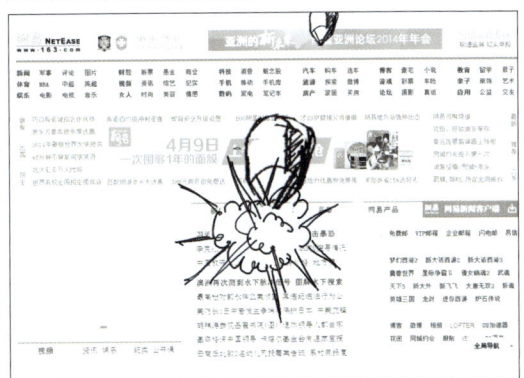

图 32、33

② 学生方案二

  a 互动形式：自动播放

  b 尺寸：对联式

  c 创意过程：利用对联左右两个画面的形式，对联左联画面出现炮筒发射的动画，接着炮弹飞到对联的右联画面中，突然炮弹反向又射回左联，并引发爆炸的动画及声效，见图35。

图34

教师点评：

  对联式形式十分新颖，用到这个构思中恰到好处，和主题相得益彰。

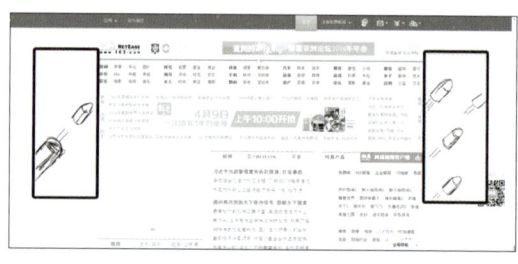

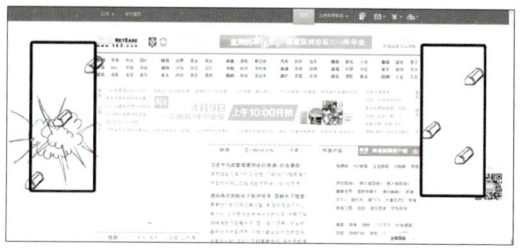

图35

训练 3

1 教师引导

观看右图平面海报，这张平面海报"时间轴上的变化"是Kanechom洗发水的创意广告。

2 作业及具体要求

① 作业内容

把这个创意转化为鼠标交互的形式，运用发散性思维方式尽最大可能地思考不同的交互创意方案，并用分镜图来进行表现，不少于三个方案。

② 具体要求

a 互动形式：任选一种或几种前面所学的交互创意形式。

b 尺寸：按照网络广告尺寸基本规格，任选一种尺寸。

c 创意过程：交互过程用多个分镜图来表现，彩色黑白均可。

图 36

3 学生作业点评

① 学生方案一

a 互动形式：鼠标拖动（洗发露包装）

b 尺寸：230px×60px的横幅

c 创意过程：洗发露包装开始在毛躁的头发丝的最右端，然后提示向左移动，移过的地方头发丝变得光亮、顺滑。拖曳完毕随即出现Logo和产品结束，见图37。

> **教师点评：**
> 最直接的一种思维转化方式，简单易操作，符合用户行为习惯。

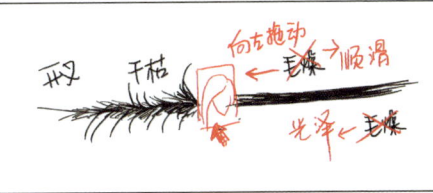

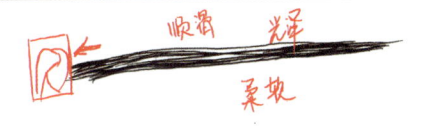

图 37

②学生方案二
a 互动形式：打泡泡游戏
b 尺寸：230px×60px的横幅
c 创意过程：在一开始，以有毛躁问题的发质为背景，画面前写有"干枯、毛躁、分叉"字样的泡泡在不断出现并上升，接着出现提问"Do you want to change?"，接下来选择"yes"，随即进入打泡泡的游戏过程。击中的泡泡破裂变为"柔软、顺滑、光泽"的字样。全部击中游戏结束，即出现Logo和产品，见图38。

> **教师点评：**
> 这个想法很特别，构思了一种和海报思路不同的互动形式，这种思维方式是应当提倡的。

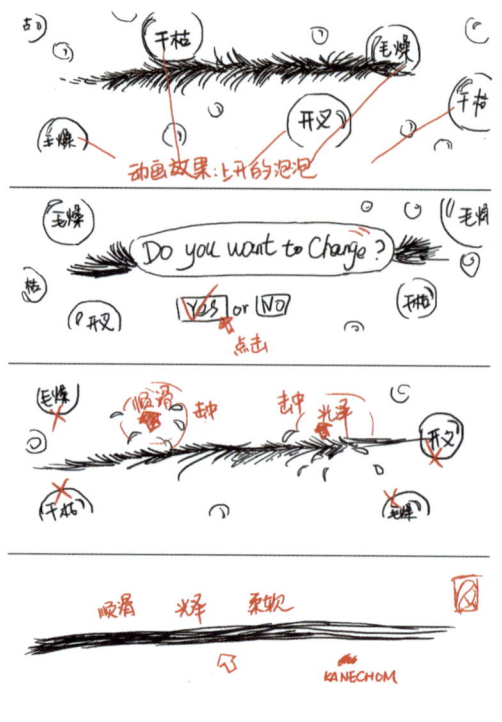

图38

③学生方案三
a 互动形式：按键控制
b 尺寸：230px×60px的横幅
c 创意过程：洗发露包装开始在毛躁的头发丝的中间，然后提示键盘左右控制移动，往左移产品打开移过的地方头发丝变得光亮、顺滑。往右移产品关闭，移动的头发变毛躁、干枯，见图39。

> **教师点评：**
> 与方案一的创意思路相同，但用了另一种交互手段——键盘式的交互。

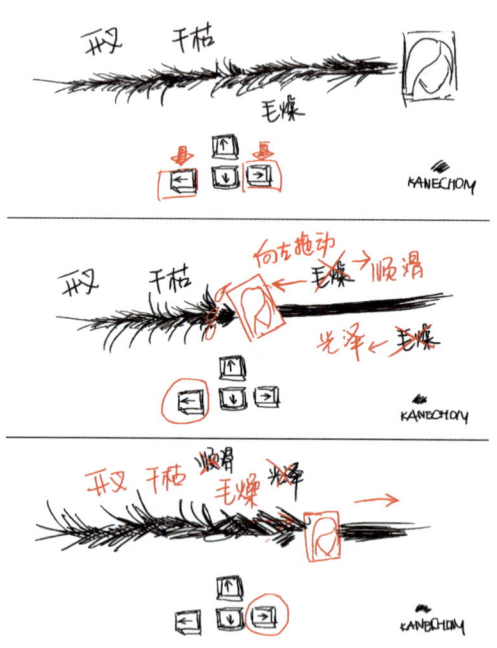

图39

实训2：从户外广告中进行假设

1　教师引导

观看图 40户外广告，这张是飘柔洗发水户外创意广告，巧妙地选择电线的交织与平顺作为对比，给人以很强的视觉冲击力。

2　作业及具体要求

① 作业内容

把这个创意转化为鼠标交互的形式，运用发散性思维方式尽最大可能地思考不同的交互创意方案，并用分镜图来进行表现。

② 具体要求

a 互动形式：任选一种或几种前面所学的交互创意形式。

b 尺寸：按照网络广告尺寸基本规格，任选一种尺寸。

c 创意过程：交互过程并用多个分镜图来进行表现，彩色黑白均可。

图 40

3　学生作业点评

学生方案一

a 互动形式：鼠标点击（梳子）

b 尺寸：400px×400px

c 创意过程：开始时，梳子的鼠标一直左右移动不了，只有点击梳子后，下了一场"飘柔洗发水"雨后，梳子才可以很滑顺地左右拖动，并且随着梳子的左右移动电线也逐渐整齐，见图41。

教师点评：

这是个有趣的创意，用动画结合了鼠标点击的交互形式，很生动。

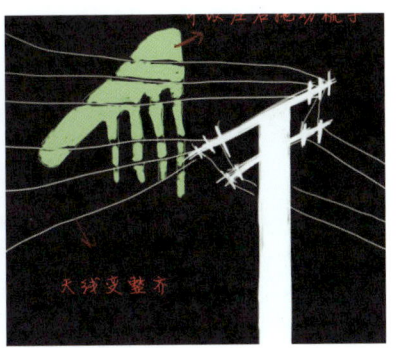

图 41

实训3：从游戏中体验用户行为

通过对游戏网页的实例分析，体会什么样的网络广告创意最符合用户的操作习惯。

如图42所示，全新上线的招行版《折掉英雄传》采用互动漫画的形式，分为"管钱有招""转账无忧""生活全能"三部分。参与度极高的互动内容，吸引用户关注并使用招行电子银行的服务。

本广告的创意通过故事设置和剧情互动，充分调动了用户的关注度和参与度。

如图43所示，麦当劳网站利用了骨牌的游戏方法。游戏表现方式是将拍摄出来的视频经过制作后，用Flash方式予以表现。拍摄的视频播到中间环节时，会切换成动画效果的游戏界面，最后骨牌游戏结束，就是麦当劳新款饮品登场。

如图44所示的阳狮网帆搬家冒险游戏，阳狮网帆搬家了，在打包东西的时候，这群家伙竟然落下了几个打包箱！快帮小黄把行李送到新公司吧！知道怎么从旧公司到新公司吗？机器人马上会来帮助你的，一起来试试看吧！别让小黄迷路啦！

图42

图43

> **总结：**
> 交互操作简单、创意轻松有趣、有参与感的游戏式网络广告最符合用户的操作习惯。

图44

CHAPTER 3
网络广告视觉设计与制作基础

第三章

第一节　网络广告设计基础

　　视觉形象表现为互动广告的视觉感受，包括色调运用、画面构成、文字编排、动画设计等。视觉形象的美与丑、好与差，直接影响产品广告思想的准确表达。它需要与产品本身的气质和特点相匹配，并且给受众留下一个美的外部形象。

　　声语言由语言和声音两种要素构成，以流动的语言声音或音乐声音传达思想和情感，配合视觉形象的节奏和气质，直接诉诸受众的听觉器官。它要求直接、准确地烘托出互动广告作品的节奏和气氛。

　　动态画面指的则是 GIF 动画、SWF 动画、3D 动画及数字视频等可以呈现动态效果的画面形式，通常这些动态画面是网络广告表现的主体。

　　互动形式是互动广告作品的灵魂，它也是互动广告区别于平面广告、视频广告的关键点。

一　字体

　　Banner 的本身形状：形状决定了其固定的构成方式，一般为矩形、横幅，左右结构和居中。Banner 的文字特点：主题式，一般分为主标题和副标题，文字较多。设计的时候还需要考虑应用到网站各种尺寸推广图上的可读延伸性。关于字体的设计可以采用以下要点来改善你的 Banner。对于文字，我们常常听到与客户的对话时："字要大！""啊？还要大？已经很大了！"然后很无奈地拉大一点，其实我们都知道大那么几个 px 没有意义。但细心想想，客户方要的真的只是那么一丁点的追求吗？毕竟他们不是设计师，不懂得如何表达自己的想法，而唯一可以让他们觉得显眼的方式只有大小的区别而已。或许是因为字不够显眼、字的处理太普通、背景太抢眼之类的，或许我们应该理解为"字要显眼一点"。而且 Banner 上的文字一般占据了整个 Banner 的 70%区域，而实际图像只占不到 30%。往往很多的设计师更专注于那 30%的图像设计，忽视了最重要的 70%的文字区域，最后只用系统字草草拼凑了之。试问这样一个Banner 的设计合理吗？尤其当主题被延伸应用到小尺寸推广图的时候，只剩下放文字的区域时，这个推广图算是彻底失败了。

1　中文字与英文字母的区别

　　字母是一种纯粹发音符号，每个字母本身并没有意义，单词的意义来自这些字母之间的横向串式组合。而汉字的组字方式是以象形为原始基础，也就是每个字都具有特别的意义，一个简单的字在远古时代就代表了一

图 1

图 2

图 3

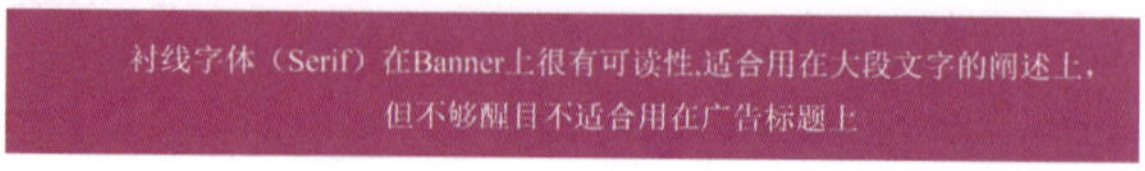

图 4

图 5

图 6

个复杂的生活场景，因而它也是世界上最形象的文字。两者之间的阅读方式和解读方式都有本质的不同，因此，汉字的编排方式不能照搬英文的编排方式，两者之间在编排上有一些客观的区别。下面我们从中英文字体的结构分析两者的区别：

① 同样字号的实际大小不同。英文因为都是字母，字母的构成结构非常简单，屏幕最小可视 px为 6px(代表字体 :04字体)。中文因结构复杂。屏幕最小可视 px 为 10px(MS明朝 /MS UI Gothic) 和 11px(新细明体 / PMingLiU)。

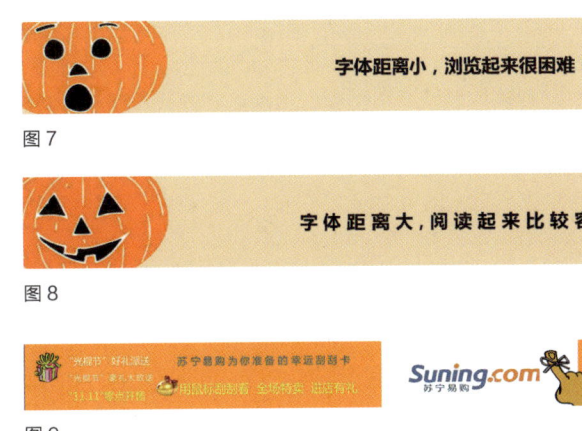

图 7

图 8

② 英文的整体编排容易成段、成篇，视觉效果比较自由活泼，有强烈的不连续的线条感，容易产生节奏和韵律感。中文整体编排容易成句、成行，视觉效果更接近一个个规则的几何点和条块，不容易产生动感的最主要的原因是因为整个结构是闭合的，笔画张力的总和趋于零。

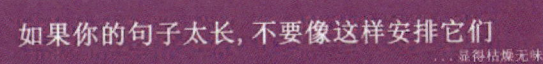

图 9

③ 英文本身更容易成为一个设计主体。英文的篇幅普遍比相同意义的汉字的篇幅要多，而且因为英文单词的字母数量不一样，在编排时，对齐左边那么右边都会产生自然的不规则的错落，这在中文编排时是不太可能出现的，中文编排每个段是一个完整的"块"，很难产生这种错落感。

图 10

④ 英文的结构有大小不同的形状，在字形设计上不可能排列在同一条直线上。如"g、j、p、q、y"等字母齐下方的沉降线，而"b、d、f、h、k、l"字母上齐顶线，其他字母对齐上中线和下脚线。然而，英文编排时自然产生的错落其实并不是西方设计师所期望的，他们在细排文字对齐上花了大量的时间来调整字距、词距、行距、段前距、段后距等，使得段落更趋向于几何形态。

图 11

图 12

广告并不便宜。确信你的最重要的广告文字信息被第一时间读到，使用像这样的无衬线字体(Sans Serif) 如黑体如图 3所示。字体类型用加粗(Black) 或加重(Bold)，不要用细线(light)，如图 2所示。避免用下面那行中的小衬线字体(Serif)，如图 3所示。衬线字体(Serif) 在 Banner上很有可读性，如图 4所示。除非你这样做，如图 5所示，那就另当别论了，当然这种情况不常见。

无衬线字体(Sans Serif) 是更好的选择，因为它具有简单的字形，这使它更快地显示在 web广告中。如图 6所示，左边的无衬线字体比右边的更清晰。当然在网页的大段文字中应更好地使用衬线字体(Serif)。它的外形对我们来说更自然，让长时间的浏览变得更轻松。但我们现在要考虑的不是这个。

很多职业广告设计师选择衬线字体(Serif)，这是有风险的。广告中使用 Serif字体能给特定的目标群体非常好的感觉，这就是为什么设计师们选择它的原因。但在表达可读性上不值得推荐。建议在 Banner上用加粗无

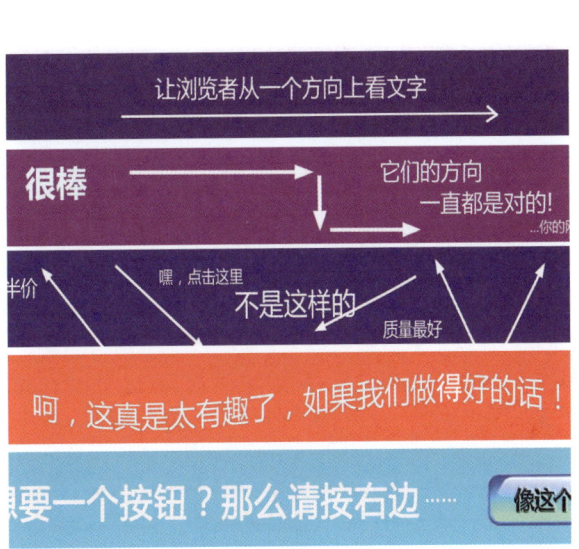

图 13

衬线字体（Bold Sans Serif）。

2 文字的间距

文字之间细微间距的调整能产生不一样的视觉感受。如图7所示，小号字体如果间距也小的话，会使用户浏览信息变得非常困难，下面这张同样的字号间距大了，如图8所示。读起来更轻松，当然我不希望你用如此小的文字，这只是个例子。越小的文字需要越大的间距来提高它们的可读性。同样大小的字体，间距调大了，阅读起来也就更轻松。

对于大的文字，我们对应地这样做：大字体要粗壮扁平，减小大号文字的间距。

3 文字的数量和复杂性

文字一定要言简意赅，千万不要放一些没用的东西，除非你想赶走你的客户。吸引注意力很重要，但当你的Banner上满是吸引点，那么它将只会被注意，而不会有点击，反之越简单明确则越有点击率。

复杂型Banner的优点：看上去很酷！所以可能会被点击！

复杂型Banner的缺点：可能不被浏览到，杂乱而难以被正确看到，下载时间长……

468px×60px大小并不是一个大的空间。可以找一些好的来对照。你看到图9和图10所示两个广告条，哪个更能吸引注意力？答案很明显，图10那个背景单纯，只有中间几个字，简洁明了，这就是对比。

4 较长文字的处理

当你要用一个长句子，而这个长句子不能适合广告条时该怎么办？这样做并不令人讨厌，但人们不喜欢读这样的长句。浏览者浏览时，他们是懒惰的。如果你要用一个长句，那么在排版上你应该让它变得令人喜欢。如图11和图12所示，哪个更有吸引力？当你设计一个广告条，你应该假设自己在和一个浏览者对话，就是他而且仅有他，而不是整个互联网用户。

二 正确设计信息浏览方向

让你的广告更有效地被浏览，首先我们要了解用户的浏览习惯。大多数的用户在浏览网页的时候都是从上到下、从左到右地浏览。为了使Banner更容易被用户浏览，我们应该顺应用户这样的浏览习惯，在设计的时候要让用户从一个方向顺序往下看，由主到次、由先到后地浏览各层信息，不要让用户无所适从，焦点到处都是。

不要让文字排列成如图13那样所示，从一个方向浏览不代表一定要把信息安排成直线式，也可以是活泼多变的文字流，如图13第二、三和四幅所示，阶梯式和波

图14

图15

图16

图17

浪式排列仍是从左向右的顺序,但形式更加灵活、有序,不失呆板。

如果要设置用户点击的按钮,那么最好将按钮放在右边,因为这样让浏览者的视线从左到右,会更快更有效地让你的广告讯息被用户浏览到,不要认为浏览者会在看广告条内容(左)前点击按钮(右),如图 13 最后一幅所示。

三　加入图片"3B"原则

信息要能为人们所接受,一个重要的前提就是必须具有视觉冲击力。加入图像是增强视觉吸引力的有效手段,图片往往比文字更适合阅读,"3B"原则可以让你的 Banner 更有吸引力。"3B"是 Baby、Beauty、Beast 的缩写,是指运用婴儿(Baby)、美女(Beauty)、动物(Beast)这三个引人注目的形象进行广告传播,可以起到事半功倍的效果,具有良好点题和烘托画面的作用。如果你的 Banner 要引人注意,就把图片素材放在 Banner 的左边,这是让你的广告更有效地被浏览者从一个方向读到的有效手段。学会用女人的图片比用男人的更有吸引力这一点,抓住视线的第一焦点,然后你会随着她看过去,所以图片应该放在左边。可爱的婴儿和动物都是人们所喜爱的视觉形象,运用好这些能让你的广告信息更好地被传递,如图 14-16 所示。

面孔的局部图片对女性浏览者更有效,如图 17 所示。如果你不是一个电脑设计狂的话,你应该会把目光转移到这个女性的面部图片上。这种方法在美容、保健和化妆类的网站用得上。

如图 17 最后一幅图所示,尽可能地修整你的图片,这样 Banner 将会下载得更快。这一点相当重要和有价值,值得花时间去做。可以在 Photoshop 中用钢笔工具进行修整,它会去掉背景上不必要的东西,广告条的体积将会减小很多。

四　避开广告条的边缘

字紧靠边缘的广告条让人看起来很不专业,但你也可以在设计中按我们的方法避免这一点。广告条的边缘不是一个休息场所,也不是一个可以让你跑出去的空房间。它是一个内容与边缘保持适当距离的区域。

文字的旁边要留有一定的空间,这样能使它们更明显。避免广告条的每一个角都有文字。不要以为你这样做会使它们很分散,你可以逐个地调整它们,让浏览者更好地加以理解。

适当的留空,不只是大型设计的需要,广告条也同样需要它来使效果更佳。让图形和文字呼吸,创意就具有生命力。我们不是要你硬套上面的例子,有很多有效地应用留空的方法。只要你试着去做,会找到更适合你的创意的方法,如图 18 所示。

五　压缩文件大小

不要忘记你的广告条必须能很快地被下载!

迅速下载绝佳的选择是只用一种颜色的背景。这也有利于形成强烈对比。当你用单一色背景和使用纯文本时,你可以使用 Photoshop 或 Image Ready 对它进行最优化。将 Lossy 设为 15 和 50,去掉 Dither(抖动),如图 19 所示,文件将变小很多。只使用这些设置,能使下面的 Banner 减小 999 字节。我们通常在抖动的 Banner 中添加 Effects 效果,让它们看起来更漂亮,但它在不同环境下显示并不一样,这是因为它的细节问题,所以它并没有什么实用性。Effects 特效不仅仅是缺少实用性,它还让你的文件变得很大。3D Bevel 和 Glows 看起来很酷,但我建议你把它们用在网页的其他地方,而不是你的广告条上。

如图 20 所示,Drop Shadows(阴影效果)需要抖动图片才能正确看到效果,因为它包含了不同的阴影色。那我们就必须加大颜色数,这样会让图片变大。我认为应该尽可能避免使用它。

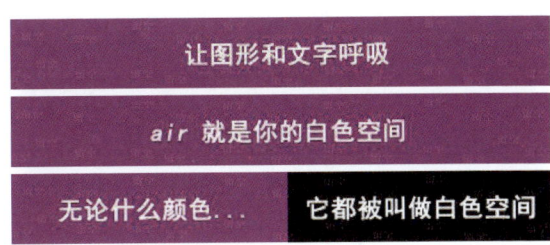

图 18

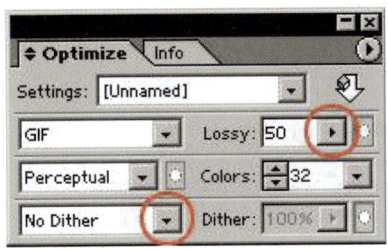

图 19

图 20

第二节　网络广告构成设计

网络广告是传统大众媒体在视觉设计上的传承与发展，对于网络广告艺术设计者来说，网络广告是艺术与技术的结合，除了要掌握一定的设计艺术技巧和设计规律外，还要掌握一定的设计原则。视觉设计原则如下：

一　目标明确，主题鲜明

网络广告视觉设计是一种运用多媒体技术的艺术设计，它应该与网站设计一起列入整体规划，而它最终的目的是要表达最佳主题诉求，因此要避免因网络广告布局凌乱而导致网站版式设计的不整齐，我们要达到这个要求，一方面要运用设计规律进行处理，使网络广告符合网民的逻辑方式和视觉心理需求，让网民能迅速理解和接受；另一方面要对网络广告各形式要素进行整合设计，突出主题，明确网民对广告的认知要求。只有达到这两方面的要求，才能实现网络广告的最佳诉求。

二　形式与内容统一

一个优秀的网络广告视觉设计必定是广告形式与内容的完美结合，是视觉设计的一切设计要素的总和。网络广告视觉设计内容指的是广告的主题、表现形式、题材等各要素之间的组合，形式指的是网络广告的风格、结构或设计语言的表现形式。一方面，网络广告视觉所追求的形式美，必须适合主题；另一方面，要保证每个设计要素与表现内容的和谐统一。如图 21 所示，SUGAR网站，整个设计形式简约、画面精美，无一不和品牌理念相吻合。

只有充分考虑各个因素，才能提升广告效果并体现美感，最终实现网络广告形式与内容的统一。

三　强调整体

网络广告的整体性强调的是内容和形式上的整体性。网络广告所传播的信息，表达了一定的主题与内容，在特定的、适当的时间和空间环境里为人们所理解和接受，它以满足人们的实用性需求为目标。设计时强调其整体性，可以使网民更快捷、更准确、更全面地认识和熟悉它，只有内部有机联系、外部和谐完整才能使广告画面丰富中体现和谐之美，得到受众的关注。具体可以在如下几点来着手。

1　正常平衡

亦称"匀称"。多指左右、上下对照形式，主要强调秩序，能达到安定诚实、可信赖的效果。如图 22所示，

图 21

阿迪达斯运动鞋网站采用，均衡的构成法则达到正常平衡的画面效果。图22为Casino广告，图23为《绝密档案》Banner，画面在变化中求得平衡。

2 异常平衡

即非对照形式，但也强调平衡和韵律，当然都是不均整的，此种布局能达到强调性、不安性、高注目性的效果。如图 24–26所示，画面均给人很强烈的张力和运动感，通过异常平衡的构图给画面带来个性和视觉冲击力。

3 对比

所谓对比，不仅是利用色彩、色调等技巧表现出来，在内容上也可涉及古与今、新与旧、贫与富等对比。如图27、28所示。

4 聚拢

所谓聚拢是利用页面中的人物视线，使浏览者仿照跟随的心理，以达到注视页面的效果，一般多用明星凝视状。如图29~32所示。

5 散点

和凝视构图正好相反，是用分散的图形文字来自由组合，以构成画面，没有固定的格式，在视觉上给人轻松的印象。如图33、34所示。

6 留白

留白有两个作用，一方面显示出网站的突出卓越；另一方面也提高了网页的品位。这种表现方法有效地提升了广告的格调。如图35、36所示。

图22

图23

图24

图25

图26

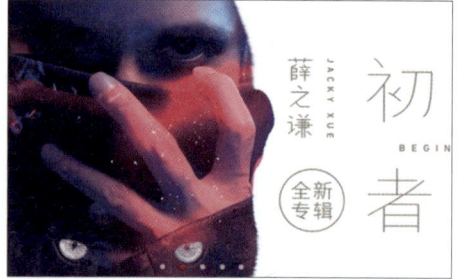

图27

图28

图29

图30

图31

图32

图33

图34

图35

图36

第三节　Photoshop制作静态Banner

Photoshop是Adobe公司旗下最为出名的图像处理软件之一，从功能上看，该软件可分为图像编辑、图像合成、校色调色及特效制作等。图像编辑是图像处理的基础，可以对图像做各种变换，如放大、缩小、旋转、倾斜、镜像、透视等。也可进行复制、去除斑点、修补、修饰图像的残损等；在人像处理制作中有非常大的用途，去除人像上不满意的部分，进行美化加工，得到让人非常满意的效果。Photoshop是静态网络广告制作必不可少的软件，如图37所示就是Photoshop制作的Banner广告。

图像合成则是将几幅图像通过图层操作、工具应用合成完整的、传达明确意义的图像，这是美术设计的必经之路。软件提供的绘图工具让外来图像与创意很好地融合，使图像的合成天衣无缝。

校色调色是软件中深具威力的功能之一，可方便快捷地对图像的颜色进行明暗、色偏的调整和校正，也可在不同颜色之间进行切换，以满足图像在不同领域如网页设计、印刷、多媒体等的应用。

特效制作在软件中主要由滤镜、通道及工具综合应用完成。包括图像的特效创意和特效字的制作。油画、浮雕、石膏画、素描等常用的传统美术技巧都可借由软件特效完成。而各种特效字的制作更是很多美术设计师热衷于该软件的原因。

图37

学习重点

用Photoshop绘制图形，编辑图层样式，色彩的填充，并会使用图层排版。

源文件位置

实例源文件／3／超级年货节

图38　2018超级年货节

制作步骤

绘制背景

1 新建一个文档，尺寸是 830px×440px，白色背景（图39）。

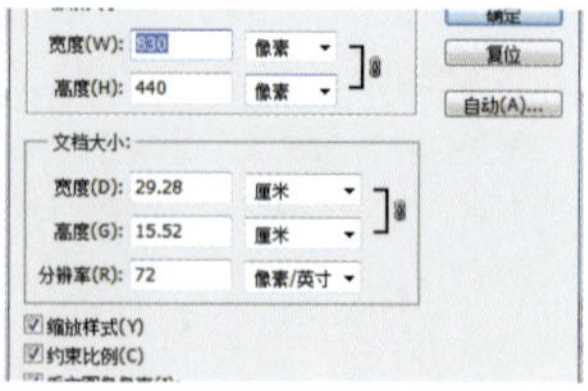

图 39

2 选择矩形工具，在画布中画出一个矩形，双击图层面板中的该图层缩略图，弹出图层属性面板填充淡粉色（图40）。

图 40

3 同样方法绘制一个长条形的矩形，并填充为玫红色。参数如图41。

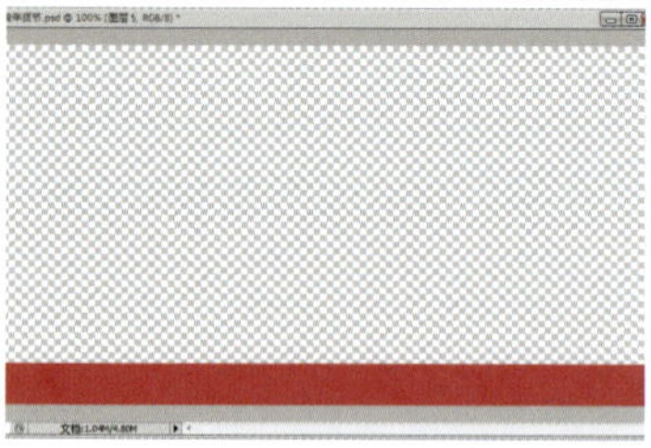

图 41

4 现在的效果应该是如图42，这一步就算完成了。

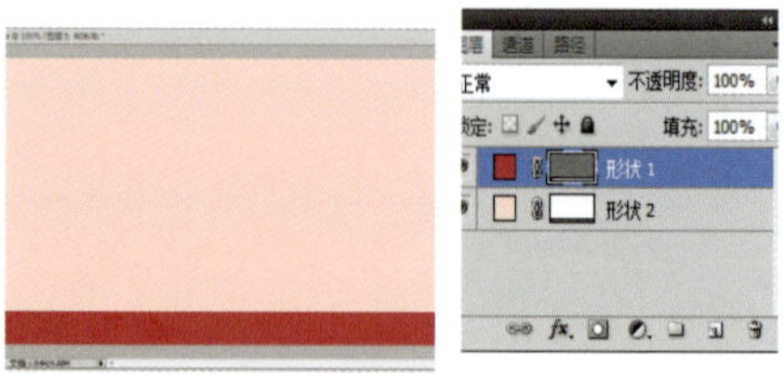

图 42

制作广告语

5 然后，我们开始创建 Banner 的文案"2018超级年货节"。首先用文本工具打出"2018超级年货节"字样，再设置文字属性如图43所示。

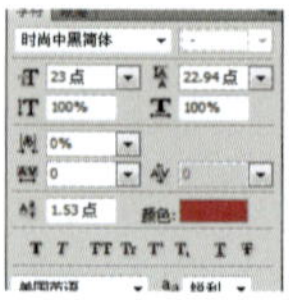

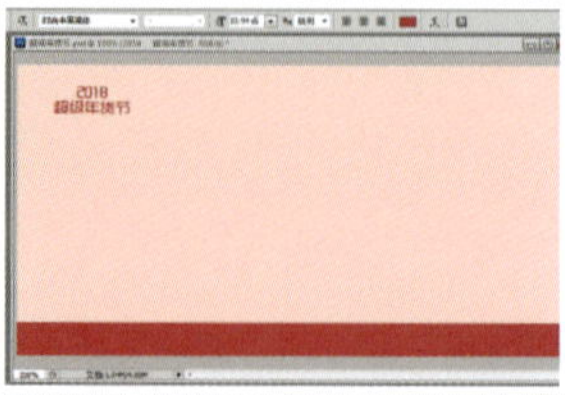

图 43

6 在图层上选中"2018 超级年货节",在面板下面的 FX 图标上双击,设置投影效果参数(图 44)。

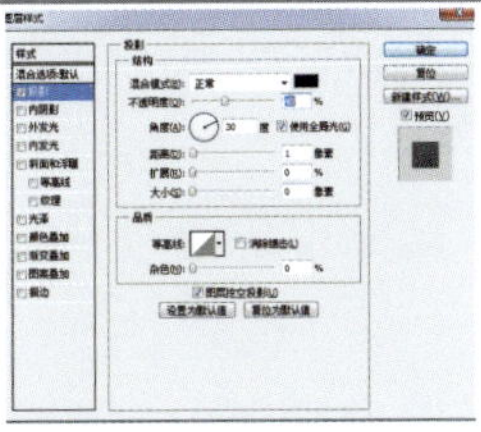

图 44

添加形状工具用来装饰画面

7 我希望给我们的 Banner 添加更多的设计元素。"2018 超级年货节"两边各有一个小图形。选择 Photoshop 里面自带的一个形状(图 48)。

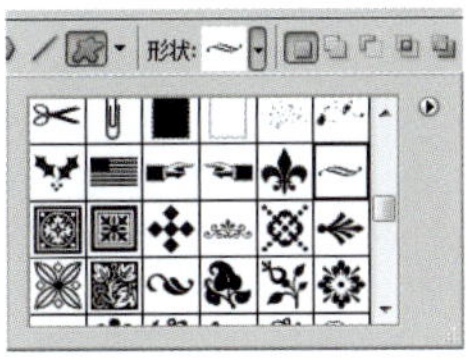

图 45

8 右边的小图形和左边是相同的,使用复制形状图层的方法即可,效果如图 46。

图 46

9 接着,用文本工具继续输入文字"压宅夫人搬回家"和"满 200 送 100",效果如图 47。

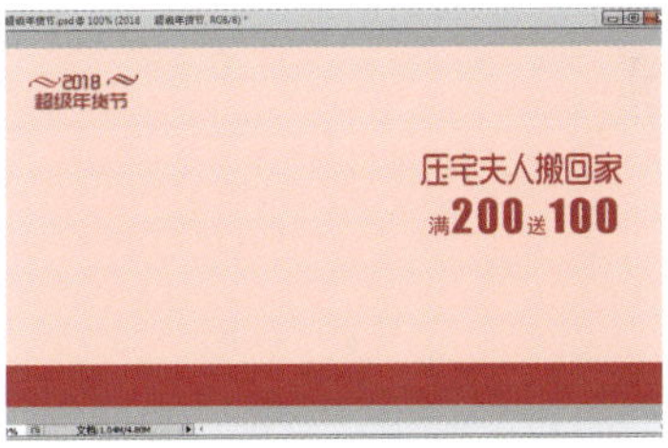

图 47

10 广告语的部分我们就完成了。我希望给我们的 Banner 添加更多的交互元素。选择用户圆角矩形工具绘制一个玫红色的按钮背景,接着用文字工具输入"进入洗护专场",如图 48。

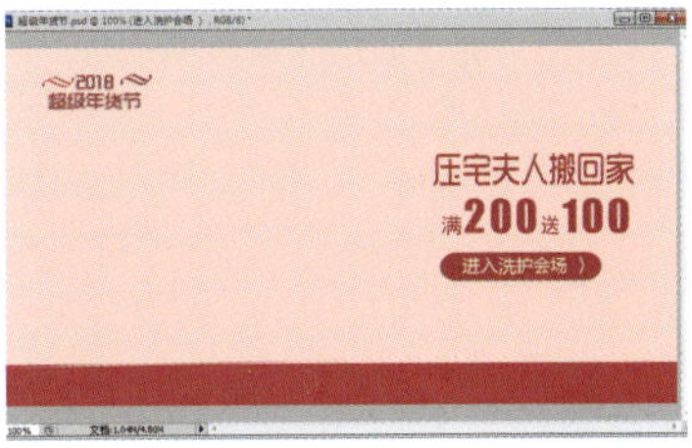

图 48

51

贴加图片效果

11 在我们的 Banner 上面添加一组洗护产品的图片，呼应主题。这里从事先准备的产品图片素材包里导入这四个产品素材，并调整图层的先后顺序，形成前后遮挡的效果（图49）。

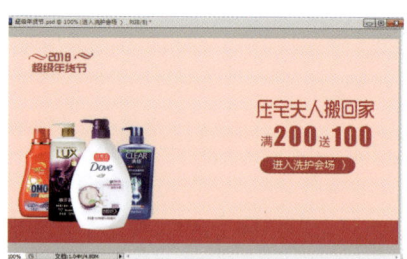

图 49

12 现在看起来还显得比较单薄，用之前提到的添加图层样式中描边的命令，来增强产品的分量感，参数如图 50。

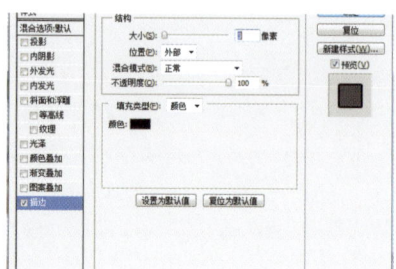

图 50

13 产品图片调整到合适的大小，效果如图 51。

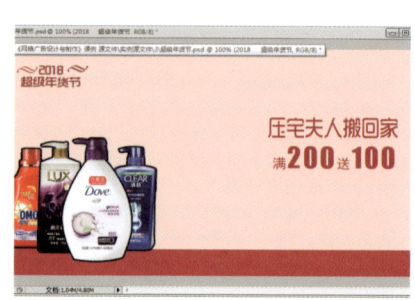

图 51

14 为了烘托"压宅夫人搬回家"这句广告语，从事先准备好的素材包里导入女孩的图片素材，用自由变换命令（快捷键 Ctrl+T），并按住 Shift 键结合鼠标左键进行等比例缩放，如图 52 所示。

图 52

15 Ok，我们的教程就完成了，最终效果如图 53 所示。

图 53

第四节　PhotoShop制作Gif动画广告

学习重点
　　用 Photoshop CS5 动画功能制作 Gif 动画广告。
源文件位置
　　实例源文件 / 3 / Gif 动画网幅广告

制作步骤

　　上个实例中为静态的 Banner 广告条，是网上常见的 Banner 形式，还有一种 Gif 动画广告条也相当常见，通常为一个画面简单切换的动态效果，譬如：将"买 500 送 500"这句广告词的"500"数字做成闪烁效果的 Gif 动画，以激起用户的注意，这里我们用的是 Photoshop CS5。

　　1 现在我们运用实例源文件中所做的"Banner.psd"为源文件，打开它，然后在图层面板打开下拉菜单，选择合并可见图层，如图 54。

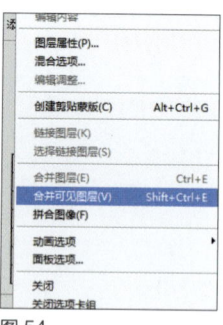

图 54

　　2 用魔术棒选择工具选择图层 1 中的两个"500"数字，然后用油漆桶将其填充为红色，如图 55。

图 55

3 接下来我们利用窗口菜单下的动画面板工具来完成 Gif 动画。打开动画面板后,展开其菜单项,如图 56 所示点选从图层建立帧命令,将当前的两个图层创建为动画帧,动画面板出现如图所示的两个帧。

图 56

4 点击每个帧下面的0秒旁边的小三角图标,将每帧的时间延迟为 0.2 秒,如图 57 所示。

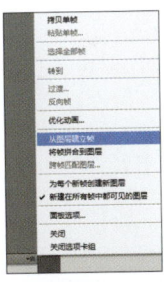

图 57

5 制作完成后保存,在保存时选择保存为 Web 和设备所用格式命令,如图 58,设置理想的参数效果后点击存储,命名为 "Banner.gif"。

图 58

6 现在，打开刚才保存的图像在 IE 浏览器中预览，即可看到闪烁的数字效果。

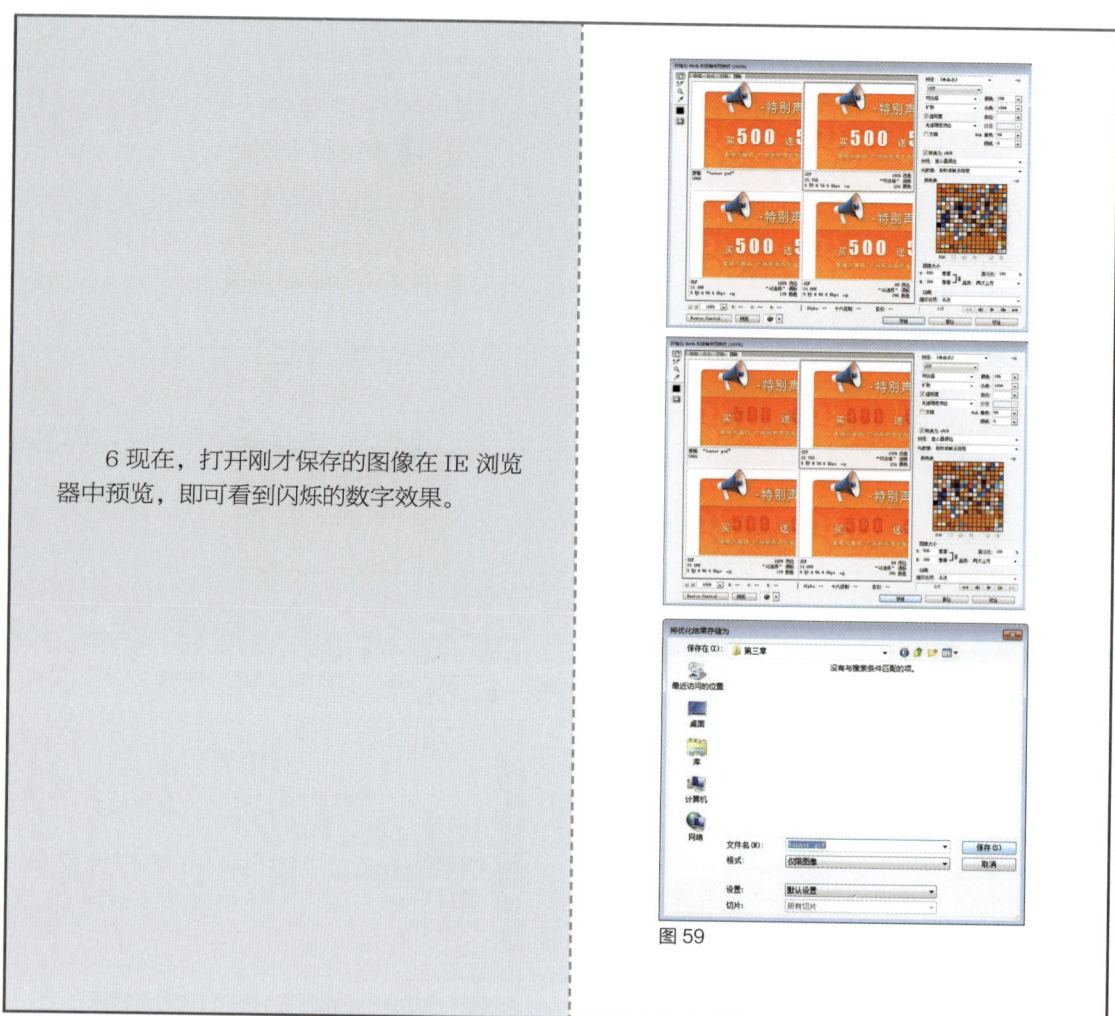

图 59

课后习题

1 根据实例中的广告讯息内容，重新设计一个形式新颖的 Banner 广告。
2 用 Photoshop 软件完成。
3 再以同样主题设计一个 Gif 动画的 Banner 广告。

CHAPTER 4
Flash动画网络广告设计

第四章

第一节 认识Flash动画软件

一 Flash 动画的基础知识

Flash动画设计的三大基本功能是整个Flash动画设计知识体系中最重要也是最基础的，包括：绘图和编辑图形、补间动画、遮罩。这是三个紧密相连的逻辑功能，并且这三个功能自Flash诞生以来就存在。

1 绘图和编辑图形

绘图和编辑图形不但是Flash动画创作的基本功，也是多媒体创作的基本功。只有基本功扎实，才能在以后的学习和创作道路上一帆风顺。使用FlashProfessional8绘图和编辑图形——这是Flash动画创作的三大基本功中的第一位。在绘图的过程中，要学习怎样使用元件来组织图形元素，这也是Flash动画的一大特点。Flash中的每幅图形都开始于一种形状。形状由两个部分组成：填充(Fill)和笔触(Stroke)，前者是形状里面的部分，后者是形状的轮廓线。如果你总是能记住这两个组成部分，就可以比较顺利地创建美观、复杂的画面。

Flash包括多种绘图工具，它们在不同的绘制模式下工作。许多创建工作都开始于矩形和椭圆这样的简单形状，因此能够熟练地绘制它们、修改它们的外观以及应用填充和笔触是很重要的。Flash提供的三种绘制模式，决定了"舞台"上的对象彼此之间如何交互，以及怎样编辑它们。默认情况下，Flash使用合并绘制模式，但是你可以启用对象绘制模式，或者使用"基本矩形"及"基本椭圆"工具，运用基本绘制模式。

2 补间动画

补间动画是整个Flash动画设计的核心，也是Flash动画的最大优点，它有动作补间和形状补间两种形式。学习Flash动画设计，最主要的就是学习"补间动画"设计在应用影片剪辑元件和图形元件创作动画时，有一些细微的差别，你应该完整把握这些细微的差别。

Flash的补间动画有以下几种：

① Flash动作补间动画

动作补间动画是Flash中非常重要的动画表现形式之一，在Flash中制作动作补间动画的对象必须是"元件"或"组成"对象。

基本概念：在一个关键帧上放置一个元件，然后在另一个关键帧上改变该元件的大小、颜色、位置、透明度等，Flash根据两者之间帧的值自动所创建的动画，被称为动作补间动画。

② Flash形状补间动画

所谓的形状补间动画，实际上是由一个对象变换成另一个对象，而该过程只需要提供两个分别包含变形前和变形后对象的关键帧，中间过程将由Flash自动完成。

基本概念：在一个关键帧中绘制一个形状，然后在另一个关键帧中更改该形状或绘制另一个形状，Flash根据两者之间帧的值或形状来创建的动画，被称为形状补间动画。形状补间动画可以实现两个图形之间颜色、形状、大小、位置的相互变化，其变形的灵活性介于逐帧动画和动作补间动画之间，使用的元素多为鼠标或压感笔绘制的形状。

在创作形状补间动画的过程中，如果使用的元素是图形元件、按钮、文字，则必须先将其"打散"，然后才能创建形状补间动画。

动作与形状两种补间动画的区别：

①表现：动作补间动画为淡紫色背景加长箭头，形状补间动画为淡绿色背景加长箭头。

②对象的组成元素：影片剪辑、图形元件、按钮、文字、位图等形状，如果使用图形元件、按钮、文字，则必先打散再变形。

③功能：实现一个元件的大小、位置、颜色、透明等的变化，实现两个形状之间的变化，或一个形状的大小、位置、颜色等的变化。

3 Flash 逐帧动画

逐帧动画是一种常见的动画形式，它的原理是在"连续的关键帧"中分解动画动作，也就是每一帧中的内容不同，连续播放形成动画。

基本概念：在时间帧上逐帧绘制帧内容称为逐帧动画，由于是一帧一帧地画，所以逐帧动画具有非常大的灵活性，几乎可以表现任何想表现的内容。

在Flash中将JPG、PNG等格式的静态图片连续导入到Flash中，就会建立一段逐帧动画。也可以用鼠标或压感笔在场景中一帧帧地画出帧内容，还可以用文字作为帧中的元件，实现文字跳跃、旋转等特效。

4 Flash 遮罩动画

遮罩是Flash动画创作中不可缺少的——这是Flash动画设计三大基本功能中重要的出彩点。使用遮罩配合补间动画，用户可以创建更加丰富多彩的动画效果。图像切换、火焰背景文字、管中窥豹等都是实用性很强的动画。并且，从这些动画实例中，用户可以举一反三创建更多实用性更强的动画效果。遮罩的原理非常简单，但其实现的方式多种多样，特别是和补间动画以及影片剪辑元件结合起来，可以创建千变万化的形式，你应该对这些形式做个总结概括，从而使自己可以有的放矢，从容创建各种形式的动画效果。

在 Flash 作品中，常看到很多炫目的效果，而其中部分作品就是利用"遮罩动画"的原理来制作的，如水波、万花筒、百叶窗、放大镜、望远镜等。

基本概念：在 Flash 中遮罩就是通过遮罩图层中的图形或者文字等对象，透出下面图层中的内容。在Flash 动画中，"遮罩"主要有两种用途：一种是用在整个场景或一个特定区域，使场景外的对象或特定区域外的对象不可见；另一种是用来遮罩住某一元件的一部分，从而实现一些特殊的效果。

被遮罩层中的对象只能透过遮罩层中的对象显现出来，被遮罩层可使用按钮、影片剪辑、图形、位图、文字、线条等。

5 Flash 引导层动画

基本概念：在 Flash 中，将一个或多个层链接到一个运动引导层，使一个或多个对象沿同一条路径运动的动画形式被称为"引导路径动画"。这种动画可以使一个或多个元件完成曲线或不规则运动。

在 Flash 中引导层是用来指示元件运行路径的，所以引导层中的内容可以是用钢笔、铅笔、线条、椭圆工具、矩形工具或画笔工具等绘制的线段，而被引导层中的对象是跟着引导线走的，可以使用影片剪辑、图形元件、按钮、文字等，但不能应用形状。

引导路径动画最基本的操作就是使一个运动动画附着在引导线上，所以操作时应特别注意引导线的两端，被引导的对象起始点、终止点的两个中心点一定要对准"引导线"的两个端头。

二 Flash 操作界面

要正确、高效地运用 Flash CS6 软件来制作动画，必须了解 Flash CS6 的工作界面及各部分功能。

Flash CS6 的工作界面继承了以前版本的风格，只是看起来更加美观，使用起来更加方便快捷了。Flash CS6 的工作界面由菜单栏、工具箱、属性面板、时间轴、舞台和面板组等组成，如图 1 所示。

1 菜单栏

菜单栏是最常见的界面要素，它包括文件、编辑、视图、插入、修改、文本、命令、控制、调试、窗口和帮助等一系列菜单，根据不同的功能类型，可以快速地找到所要使用的各项功能选项。

2 工具箱

利用工具箱中的工具可绘制、选择和修改对象，给图形填充颜色，改变场景的显示，或者设置工具选项等，如图 2 所示。

3 时间轴

时间轴面板以图层和时间轴方式组织文档内容，与电影胶片类似。Flash 动画的基本单位为帧，多个帧上的画面连续播放，便形成了动画。图层就像堆叠在一起的多张幻灯片，每个图层都有独立的时间轴。这样，多个图层的综合运用，便能形成复杂的动画。

4 舞台和场景

舞台是 Flash 创作的工作区域，舞台是绘制和编辑动画内容的区域，这些内容包括矢量插图、文本框、按钮、导入的位图图形和视频剪辑等。动画在播放时仅显示舞台上的内容，对于舞台之外的内容是不显示的。

5 调整图像亮度和对比度

面板的内容取决于当前选定的内容，可以显示当前文档、文本、元件、形状、位图、视频、帧或工具的信息和设置，如图 3 所示。

图 1

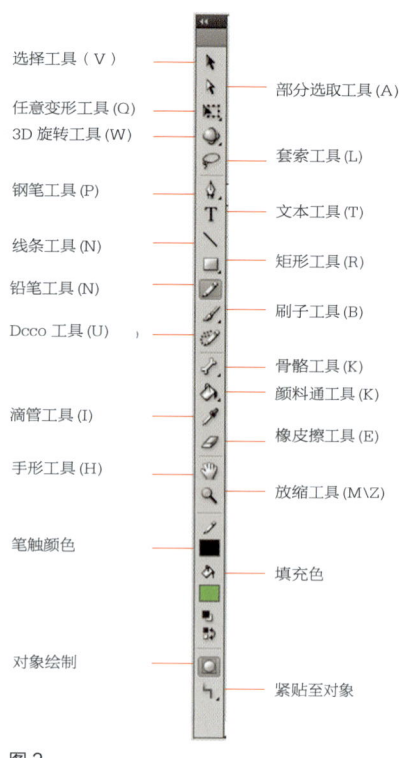

图2

Adobe Flash CS6可以导入外部位图和视频文件作为特殊的对象使用，并且导入的外部位图还可以被转化成矢量图形，从而为制作 Flash动画提供了更多可以应用的素材，声音和视频的导入，可以使动画更加丰富生动。

四　Flash 的发展方向

Flash被称为"最为灵活的前台"，由于其独特的时间片段分割和重组（MC嵌套）技术，结合 ActionScript 的对象和流程控制，使得灵活的界面设计和动画设计成为可能，同时它也是最为小巧的前台。Flash具有跨平台的特性，所以无论处于哪种平台，只要安装了支持的 Flash Player，就可以保证它们最终显示效果的一致，而不必像在以前的网页设计中那样，为不同的浏览器各设计一个版本。同 Java一样，它有很强的可移植性。最新的 Flash还具有手机支持功能，可以让用户为自己的手机设计喜爱的功能。当然首先必须要有支持 Flash的手机。

1　应用程序开发

由于 Flash灵活的界面控制、独特的跨平台特性和多媒体特性，使得用其制作的应用程序具有很强的生命力，在与用户的交流方面具有其他任何方式都无可比拟的优势。当然，某些功能可能还要依赖于 XML或者其他如 JavaScript的客户端技术来实现。但目前的现状是：很少有人具有运用 Flash进行应用程序开发的经验。但这个难度会随着时间的推移而逐步减弱。

事实上，对于大型项目而言，此时使用 Flash未免有些言之过早，因为它意味着很大的风险。当然，尽早并尽快掌握和积累这方面的经验无疑是一种很大的竞争力。可以将这种技术运用在项目中的一部分或者小型项目中，以减少开发的风险。

2　软件系统界面开发

客户端最终实现的用户界面是否美观、友好、方便是系统的关键之一。Flash对于界面元素的可控性和它所表达的效果无疑具有很大的诱惑。对于一个软件系统的界面，Flash所具有的特性完全可以为用户提供一个良好的接口。

3　手机领域的开发

手机的 Flash功能是指可以在手机上观看 Flash动画、运行 Flash游戏等功能。随着手机技术的发展和娱乐性的增加，Flash功能已经成为手机发展的新方向之一。由于 Flash具有跨平台的特性，因此无论处于何种平台，只要安装 Flash Player，就能保证它们的最终显

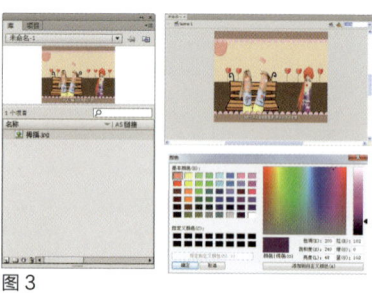

图3

三　Flash 新增功能

Adobe Flash CS6软件是用于创建动画和多媒体内容的强大的创作平台。设计让人有身临其境之感，而且在台式计算机和平板电脑、智能手机和电视等多种设备中都能呈现一致效果，产生互动体验。新版 Flash Professional CS6附带了可生成 Sprite表单和访问专用设备的本地扩展。可以锁定最新运行时的 Adobe Flash Player和 Air以及 Android和 Ios设备平台。新增了Html5支持，生成 Sprite表单，广泛的平台和设备支持，高效处理代码片段，Adobe AIR移动设备模拟，锁定 3D场景，ActionScipt 编辑器和 Flash Builder集成八大功能。

示效果都一致。

4 游戏开发

事实上，Flash中的游戏开发已经进行了多年的尝试。但至今仍停留在中、小型游戏的开发上。Flash的应用进入手机后，对手机游戏的开发也将带来革命性的变化。由于 Flash Player 10运行性能提高到了原来的很多倍，因此可以提供大量游戏的开发，这也为受限于CPU能力的手机提供丰富的游戏成为可能。

5 站点建设

事实上，现在只有极少数人掌握了使用 Flash建立全 Flash站点的技术，因为它意味着设计开发者要具备更高的界面维护能力和整站架构能力。但它带来的好处也异常明显，如：全面的控制，无缝的导向跳转，更丰富的媒体内容，更体贴用户的流畅交互，跨平台和手机客户端的支持，以及与其他 Flash应用方案无缝连接集成等。

6 多媒体娱乐

Flash本身因多媒体和交互性而广为推崇。它所带来的亲切氛围相信每一位用户都会喜欢。利用 Flash可以制作丰富多彩的声音和视频动画。

第二节　用Flash制作动画Banner

实训1：Swishmax创建具有豪华文字效果的广告条

> **广告文案**
> 　　Wacom影拓三代数位板大幅优惠，高达26%降价幅度。
> **学习重点**
> 　　a 用Swish创建文字特效。
> 　　b 在Flash中导入Swish创建的swf文件。
> **源文件位置**
> 　　实例源文件 / 4 / 实例 1

制作步骤	
制作文字特效	
1 执行Swish，如图4所示，设置影片大小。	图4
2 执行Swish，然后在工具栏中选择文字工具，如图5所示，输入"Wacom影拓三代数位板"。	图5
3 如图6所示，设置文字属性。	图6
4 设置好之后选中文字，在时间轴下方的添加效果中选择核心效果>变形命令，文字图层上的时间出现"变形（22）"字样，拖动长度设置动画效果的时间为22帧（图7）。	图7

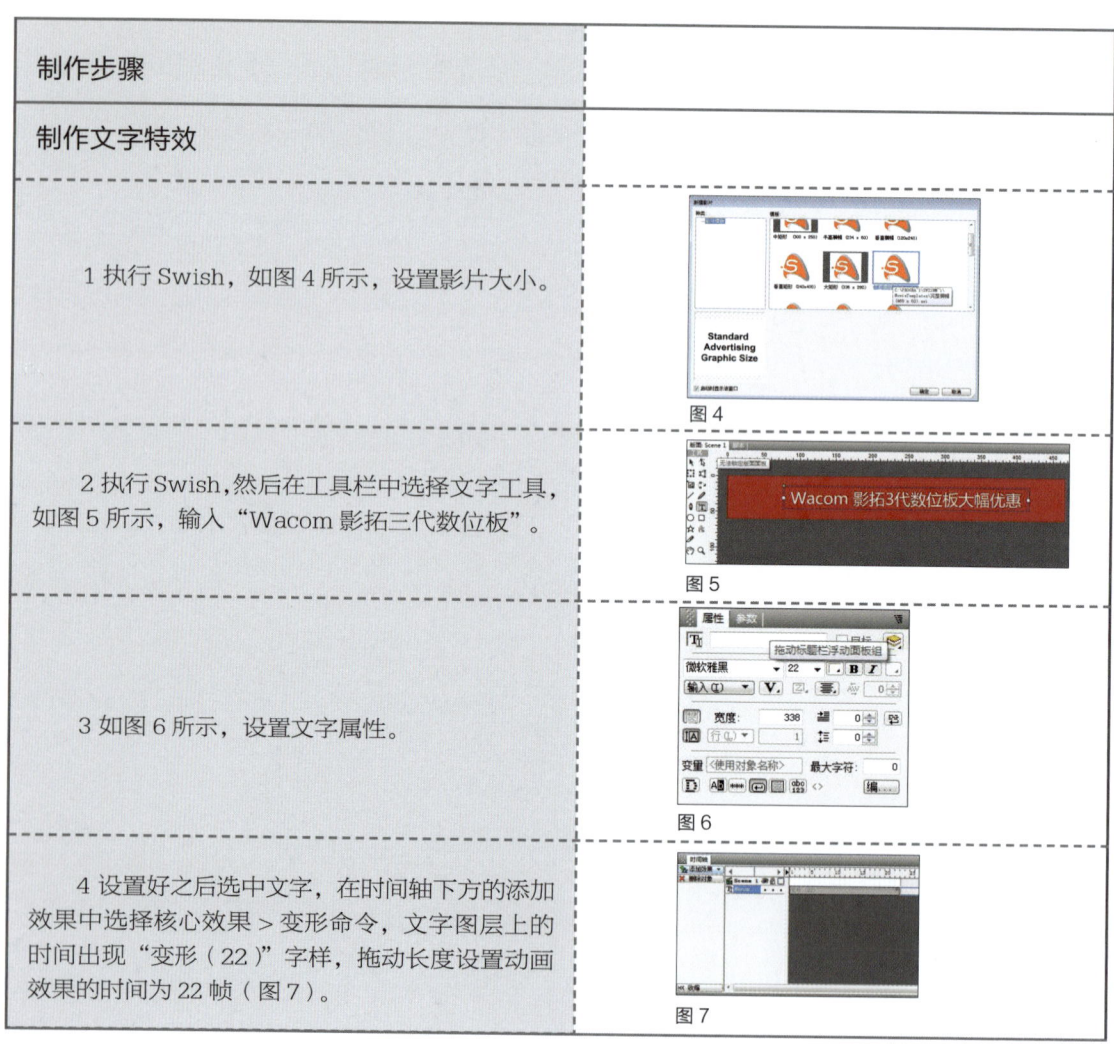

5 导出 swf 影片，从菜单"文件 > 导出 >swf"命令，输入文件名"copy1.swf"，保存好，备用。

6 再用同样的方法由 Swish 新建一个影片制作"12 月 12 日前"和"Wacom 影拓 3 代带给你特大惊喜"这两段文字特效，分别添加"打字效果（35）"和"3D 旋转（9）"，如图 8 所示。

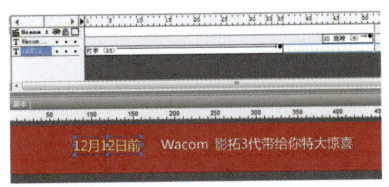

图 8

7 导出 swf 影片，从菜单"文件 > 导出 >swf"命令，输入文件名"copy2.swf"，保存好，备用。

Flash 里制作动画间补

8 在 Flash 中新建一个文档，并如图 9 所示，设置参数。

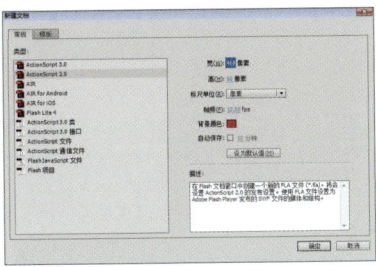

图 9

9 按快捷键 F8 新建元件，设置类型为影片剪辑(MovieClip)，创建其名称为"copy1"，在执行菜单文件 > 导入 > 导入到舞台命令，将"copy1.swf"文件导入到工作区，则其结果如图 10 所示，并在最后一帧点右键选动作命令输入"stop();"。

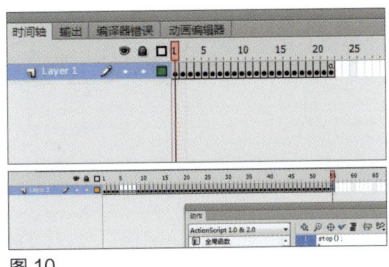

图 10

10 重复步骤 9，创建"copy2" MovieClip。

11 用 Photoshop 对 Wacom 影拓 3 代产品图片进行透明背景处理并储存为 png 格式，然后将其转换为"产品"图形元件（Graphic Symbol）。如图 11 所示。

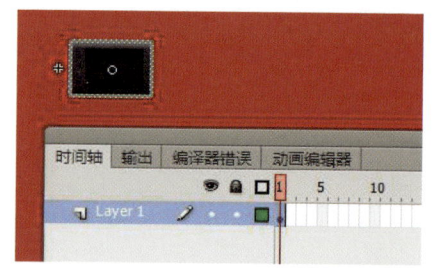

图 11

12 用 Photoshop 对 Wacom 标志图片进行透明背景处理并储存为 png 格式，然后将其转换为"Logo"图形元件（Graphic Symbol）。如图 12 所示。

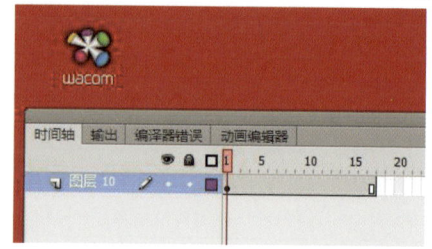

图 12

13 回到主场景中如图 13 所示，将刚创建的"copy1"MovieClip 和"copy2"MovieClip 分别放在新建的图层 copy1 和 copy2 对应的帧上。

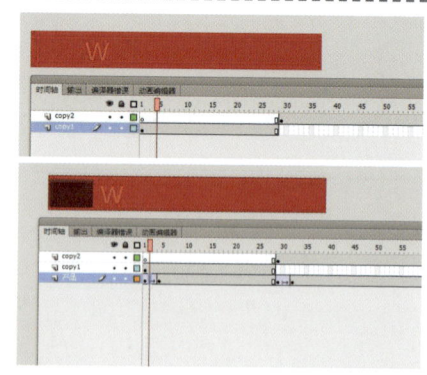

图 13

14 如图 14 所示，将"产品"图形元件放置在新建的产品图层，并设置相应的关键帧的 Alpha 透明度值和 Scale 参数值，创建传统间补，实现动画效果。

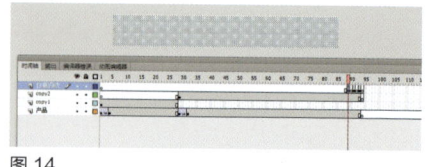

图 14

15 为了提高视觉刺激，首先用"方块"图形元件覆盖整个画面，然后插入多个关键帧，并以一个真伪间隔删除"方块"图形元件。通过这种方式的处理，可以得到广告条中不停闪动的效果。如图 15 所示。

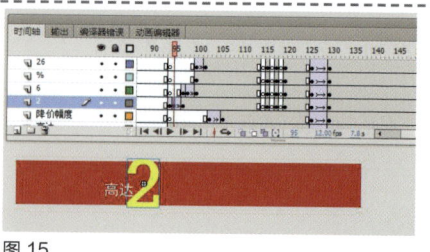

图 15

16 下面制作"高达26%的降价幅度"的文字特效。在"高达"图层分别添加"2""6""%"图层,然后分别创建缩放效果,如图16所示。元件的第一帧放缩值为20%,第2个关键帧放缩值为100%。如图16所示,在"26%"图层的第一个关键帧中设置元件的透明度值为100%,缩放值为100%。

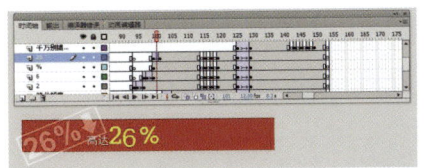

图 16

17 对"降价幅度"图层,如图17所示,通过调整缩放值创建动画效果。

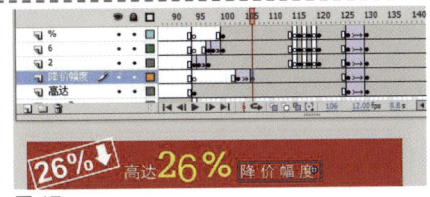

图 17

18 如图18所示,对"千万别错过"图形元件添加闪烁效果,具体制作方法同步骤15。

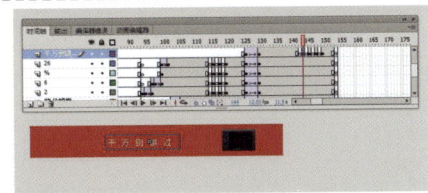

图 18

19 将"Logo"图形元件添加到如图19所示工作区中。

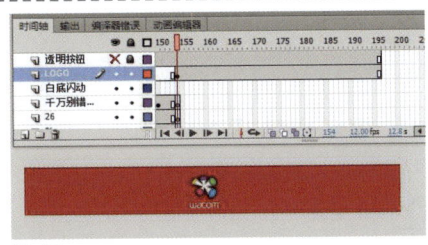

图 19

20 创建透明按钮。如图20所示添加一个"透明按钮"图层,设置一个只有点击帧的透明按钮。

图 20

21 然后拖放至覆盖整个舞台,右键单击在动作面板中设置getURL Action 的URL 参数值。

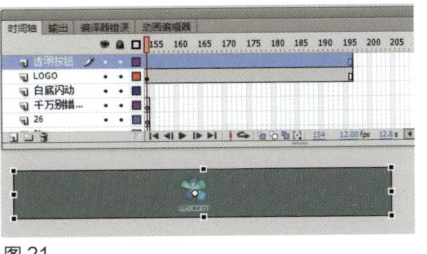

图 21

22 完成,按下"Ctrl+Enter"测试。

> **总结：**
> Flash 网络广告设计的文字特效是常见的表现效果之一，我们例子中的特效字如果全部使用 Flash 来做，复杂程度可想而知，而同样的效果我们若用 Swish 来做则非常轻松，软件之间的选择往往各取所长，追求工作效率的提高。

实训2：使用位图Flash广告条制作

> **广告文案**
> Ladymalic OMEGA presents！
> **学习重点**
> 使用位图并转化为影片
> 剪辑元件(MovieClip)
> 制作透明度渐变的动画效果
> **源文件位置：**
> 实例源文件／4／实例 2

图 22

制作步骤	
制作主场景、导入素材	
1 新建并设置文档属性，如图 23 所示。	图 23
2 在主场景时间轴面板上，如右图 24 所示新建 7 个图层。	图 24
3 然后导入素材图片，从文件 > 导入 > 导入到库对话框中选择 watch.jpg，此时库面板如图 25 所示。	图 25

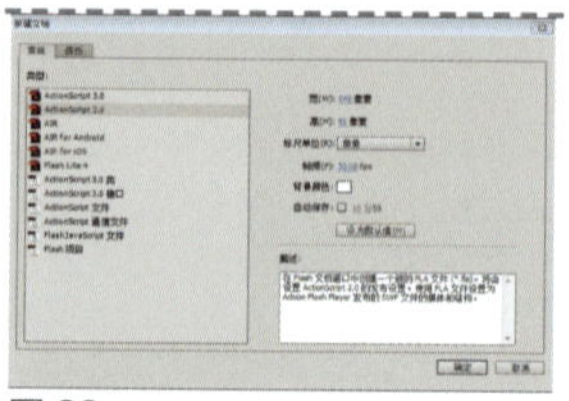

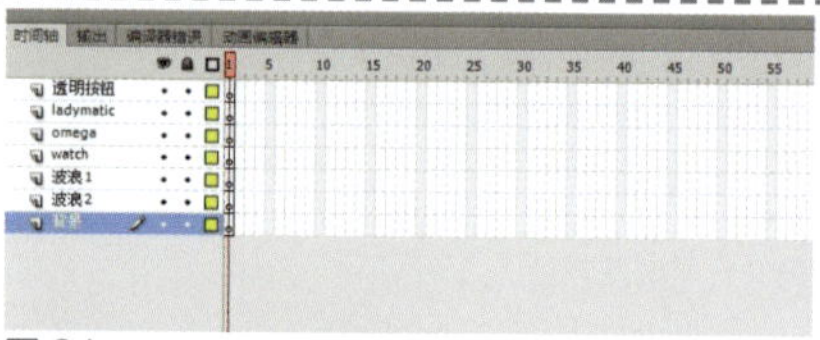

66

绘制元件

4 在背景图层帧上用矩形绘制工具，设置无边框颜色，填充颜色为径向渐变，颜色设置如图26，绘制一个和文档同尺寸的渐变图形，并将其转化为影片剪辑元件。

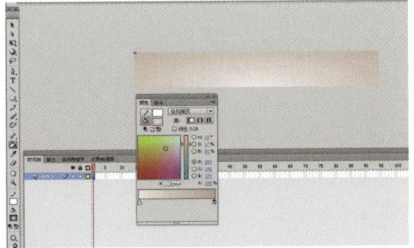

图 26

5 绘制波浪图形，如图 27 所示，按 Ctrl+F8 插入新元件。

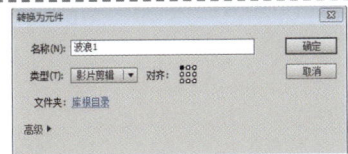

图 27

6 然后在帧上用钢笔工具绘制一个波浪形状，如图 28 所示，用线性渐变填充为中间白色，两端透明的渐变图形。

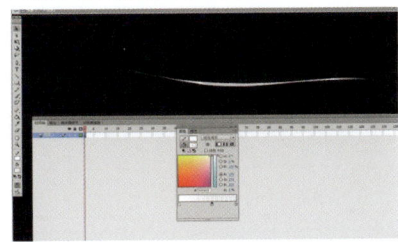

图 28

7 然后回到主场景，在波浪 1 图层帧上将其拖入合适的位置，如图 29 所示。

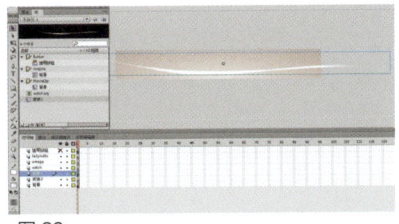

图 29

8 用同样方法绘制波浪 2 影片元件，并拖到主场景的帧上，得到如图 30 所示。

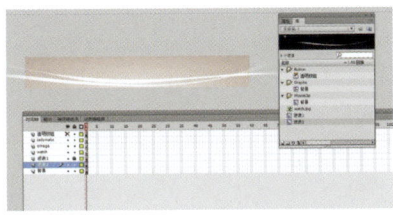

图 30

9 放置产品位图图片，同时按下 "Ctrl+F8" 插入新元件，如图 31 所示。

图 31

67

10 在元件帧上插入库中的 watch.jpg，如图 32 所示。

图 32

11 回到主场景，将 MovieClip "wacth" 拖到主场景帧上，如图 33 所示。

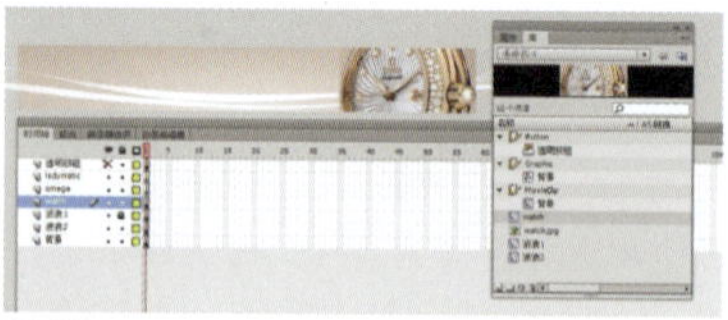

图 33

绘制 Logo 文字、广告语

12 绘制 OMEGA Logo 图形并将其转换为影片剪辑元件置入；同时按 "Ctrl+F8" 插入新元件，如图 34 所示。

图 34

13 在元件帧上用钢笔工具和文字工具绘制 OMEGA Logo，并将文字转化为图形曲线，如图 35 所示。

图 35

14 回到主场景,将 MovieClip "OMEGA" 拖到主场景帧上，如图 36 所示。

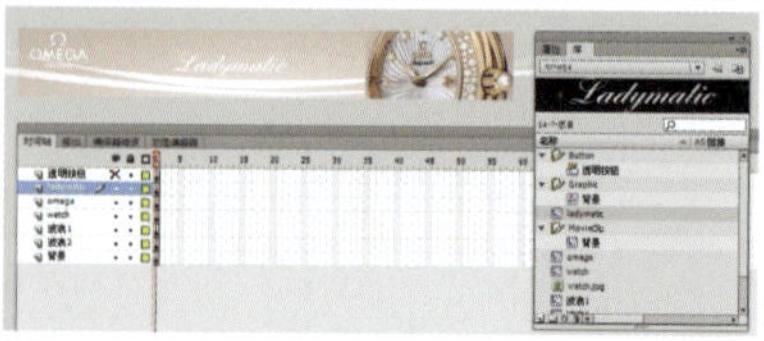

图 36

15 广告语 "Ladymatic" 和制作 Logo 同样的思路，用影片剪辑，将文字转换为图形，步骤如下：按 "Ctrl+F8" 插入新元件，在元件帧上用文字工具绘制广告语 "Ladymatic"，并将文字转化为图形曲线；回到主场景，将 MovieClip "Ladymatic" 拖到主场景帧上，如图 37 所示。

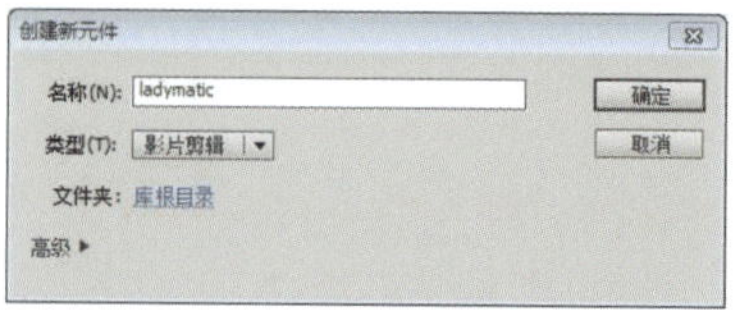

图 37

制作动画

16 规划时间轴，并通过关键帧来对各图层中的 MovieClip 元件设置位移、透明度的变化，最后用创建传统间补形式来完成整个效果的制作。步骤如下：

17 设置影片总长度为7.5，也就是225帧，将"透明按钮"和"背景"两个不变的图层分别在225帧上按下 F5 插入关键帧，如图38所示。

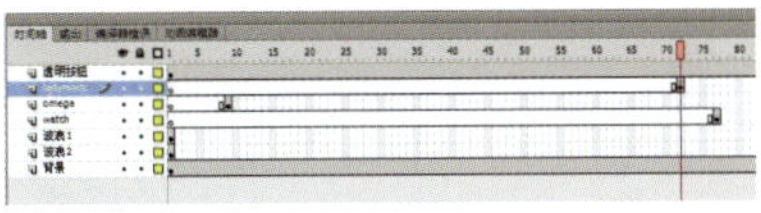

图 38

18 接着设置"Ladymatic""OMEGA""Watch"这三个图层播放的起始帧位置，分别用鼠标按住第一帧将其曳至第"72""9"和"77"帧，现在每个 MovieClip 的起始位置都定下来了。

19 下面制作"Ladymatic"这个时间轴动画，分别在第161帧和第192帧按下F6键插入关键帧，"Ladymatic"现在的时间轴上有第72帧、第161帧和第192帧三个关键帧，如图39所示。

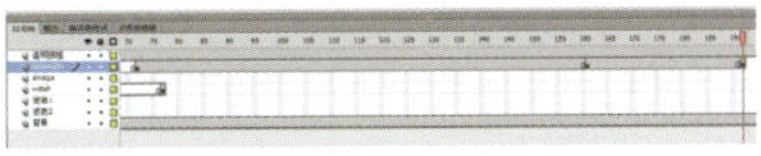

图 39

20 在第72帧鼠标选中"Ladymatic"，在属性面板上设置滤镜投影参数，如图40所示。

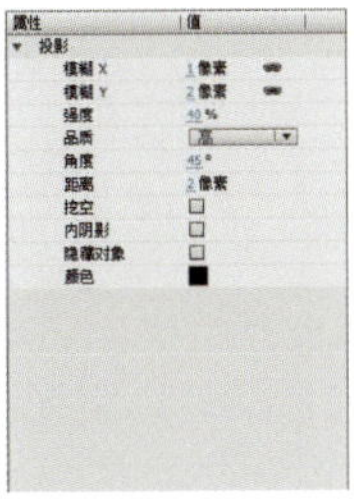

图 40

21 在第161帧鼠标选中"Ladymatic"，在属性面板上设置色彩—透明度 Alpha:0%，如图41所示。

图 41

22 然后在时间轴第72帧与第161帧之间右键单击，弹出菜单点选"创建传统间补"，如图42所示。

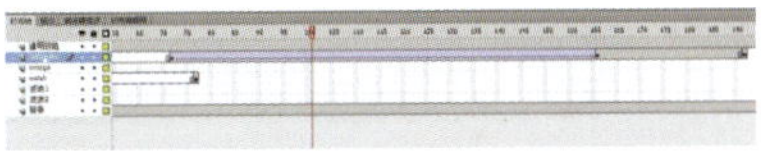

图 42

23 下面制作"OMEGA""Watch"这两个时间轴动画,按制作"Ladymatic"的方法设置关键帧上透明度的值,然后创建传统间补,如图 43 所示。

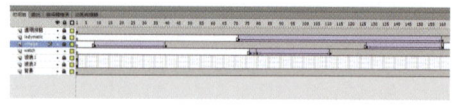

图 43

24 接下来就是对"波浪 1"和"波浪 2"两个 MovieClip 的关键帧控制,分别在相同的位置,第 1 帧、第 51 帧和第 112 帧按下 F6 设置关键帧,然后设置如前所示透明度的值,以及位置往右边稍稍移动,具体参数看源文件,最后右键插入创建传统间补。完成,按下"Ctrl+Enter"测试。

总结:
　　Flash 网络广告中运用位图的方法非常普遍,用 Phtotoshop 软件进行背景的抠除,存储成透明背景的 PNG 格式图片,导入 Flash 软件与矢量图形一起能产生很棒的动画效果。
　　此外,还可以运用我们例子中所说的在 Flash 中使用遮罩图层将背景盖住,图 44 中的三星智能手机剧场的网络广告就运用了很多人物位图配的渐变遮罩效果,形成若隐若现的视觉效果。

图 44

实训3: 用蒙版功能创建特效Flash广告条制作

广告文案
　　Wacom 影拓三数全新上市，绘出精彩！

学习重点
　　用 Mask 蒙版创建彩虹渐变的绚丽文字特效。

源文件位置
　　实例源文件 / 4 / 实例 3

图 45　实例效果

制作步骤

1 新建文档，并如右图 46 所示参数设置。

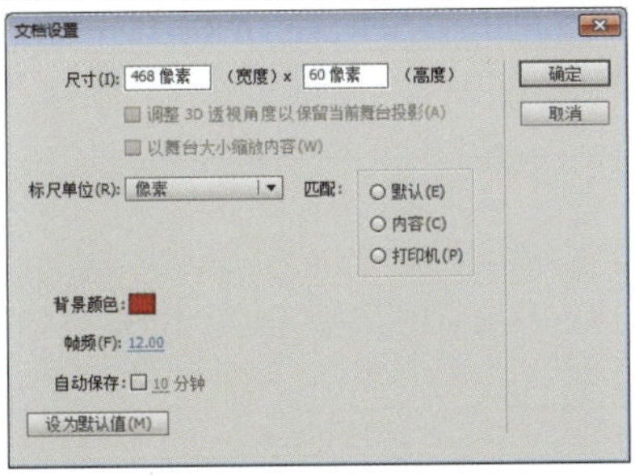

图 46

2 制作产品元件并放入图层相应的关键帧，总长度为 100 帧，如图 47 所示。

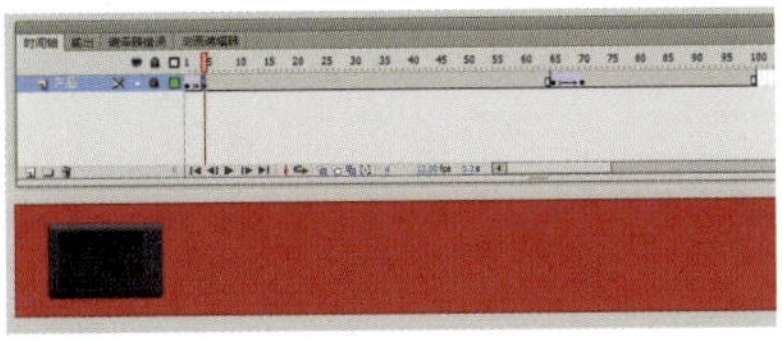

图 47

3 制作 Logo 元件，并在 Logo 图层从 67 帧插入，并设置其透明度渐变间补动画，如图 48 所示。

图 48

4 制作广告语帧动画效果，"Wacom 影拓三全新上市"并在广告语图层第 8 帧插入，并在 14、17、20、23 和 25 帧插入关键帧，设置其缩放及透明度参数，用传统间补效果生成动画，如图 49 所示。

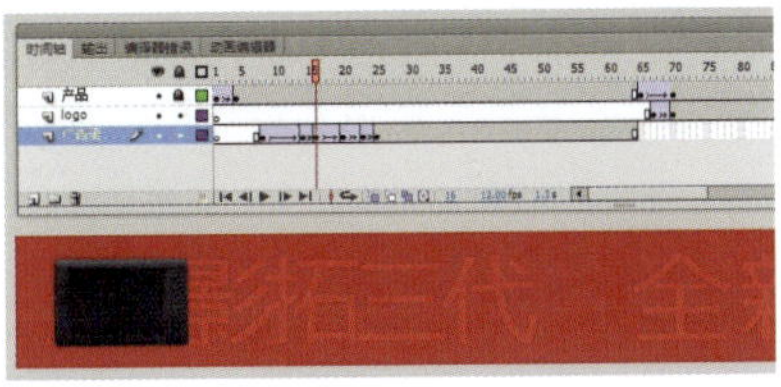

图 49

5 制作彩虹遮罩效果的文字"绘出精彩"。先新建两个图层"绘出精彩"和"彩虹"。在"绘出精彩"图层第 28 帧插入文字"绘出精彩",如图 50 所示。

6 新建"彩虹"图形元素,并绘制矩形长条,用油漆桶工具选择彩虹渐变填充,如图 51 所示。

7 将"彩虹"图形元件放置在彩虹图层如图 52 所示帧上,并设置位移间补动画。

8 最后,右键单击"绘出精彩"图层,选择遮罩层命令,完成图如图 53 所示。

9 储存文件,完成按下"Ctrl+Enter"测试。

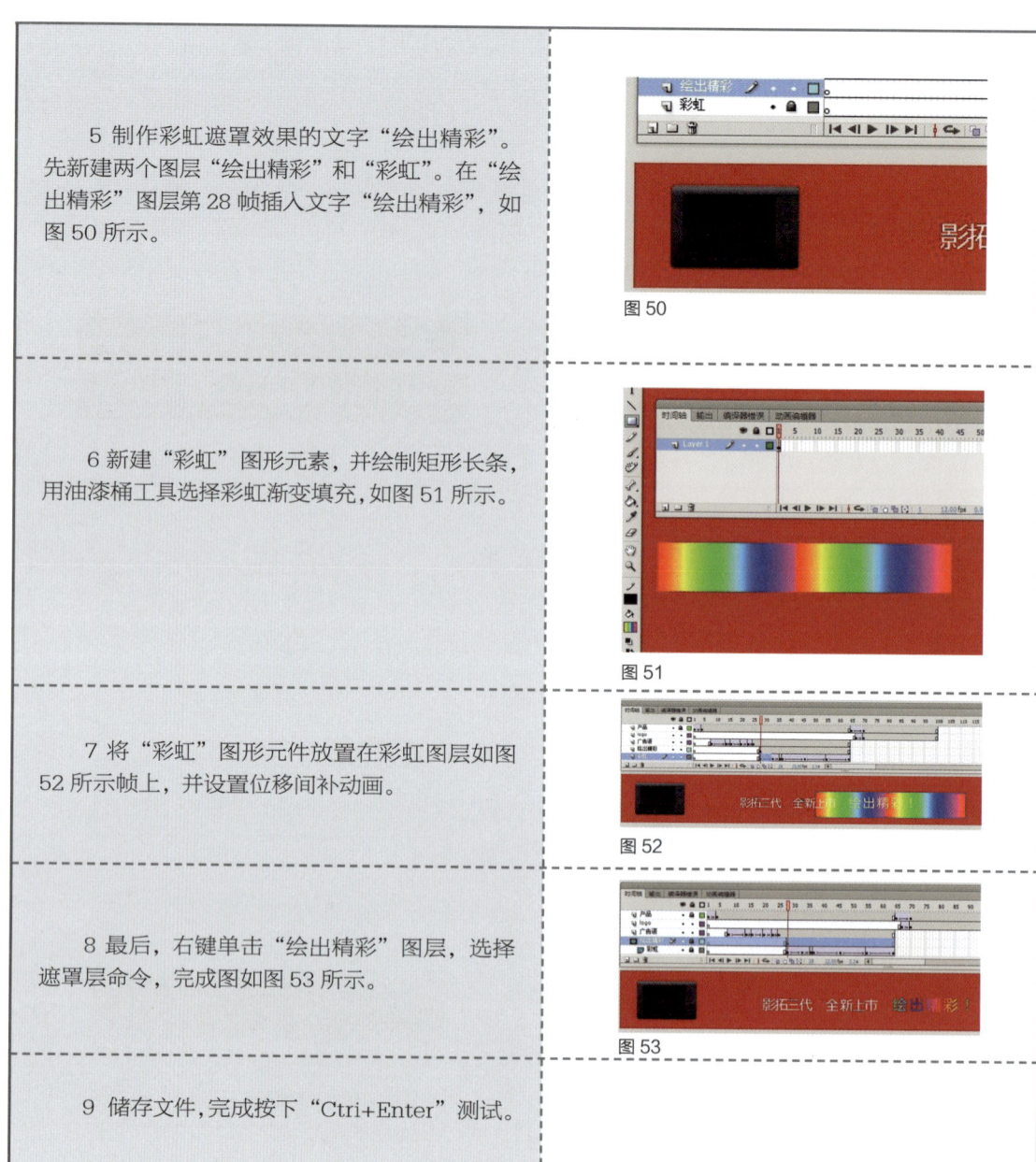

图 50

图 51

图 52

图 53

总结:
　　遮罩效果是在网络广告中常用的一个特效,其形状可以是图形,也可以是文字,遮罩效果配合动画往往能达到意想不到的效果。

实训4：综合运用实例

广告文案
　　环游美丽海岛，赢取 iPad 大礼！

学习重点
　　综合运用前面所学的各种制作技术。

源文件文置
　　实例源文件 / 4 / 实例 4

图 54 实例画面效果

制作步骤

1　如图 55 所示，打开 Flash Cs6 新建一个宽 640px、高 90px、帧频为 300fps 的文件。

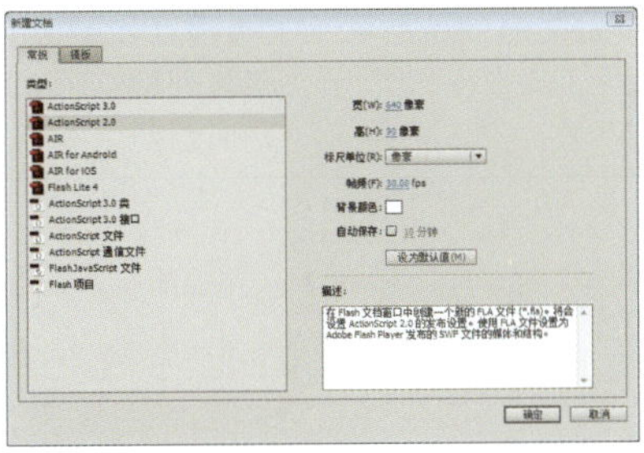

图 55

2　在主场景时间轴面板上，如图 56 上幅所示按新建图层，分别新建五个图层，命名如图 56 下幅所示。

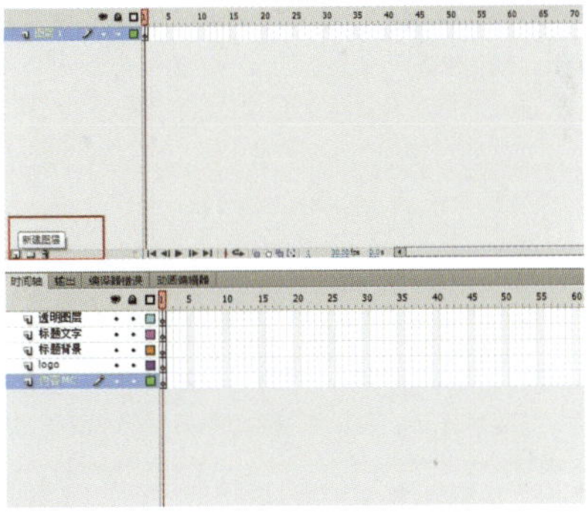

图 56

3　然后导入素材图片，从"文件 > 导入 > 导入到库"对话框中选择"第四章 / 图片"中的四张图片，此时右边库面板中如图 57 所示。

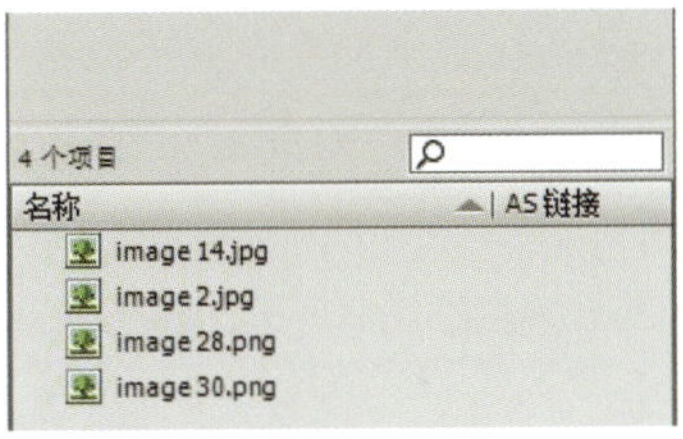

图 57

4 现在准备工作做好了，我们开始在 Flash 中实现动画效果的绘制了，首先理顺一下制作思路，主场景时间轴只有一帧，之前新建的图层从上至下依次是"透明图层""标题文字""标题图层""Logo"和"内容 MC"，它们的作用是：

"透明图层"用来放置一个可以覆盖整个舞台的隐形按钮元件，用户只要在 Banner 的任何一处按下鼠标随即跳转链接至活动宣传页面；

"标题文字"层则放置"微博快跑"的图形元件；

"标题图层"放置"微博快跑"的彩虹背景图形元件；

"Logo"层自然是放置新浪 Logo 了；

"内容 MC"层是放置整个动画内容的影片剪辑元件，这个影片剪辑做好之后，拖到主场景"内容 MC"图层的第一帧。

好了，按步骤来制作吧！

图 58

5 首先，单击选中时间轴上"透明图层"第一帧，再使用右边工具栏的矩形工具如图 59 所示；用任意颜色在舞台上绘制一个覆盖住整个舞台的矩形图形，鼠标右键单击矩形图形元件，弹出菜单，如右图 59 上幅所示，鼠标点选"转化为元件"选项，最后选择按钮和设置名称，如图 59 下幅所示。

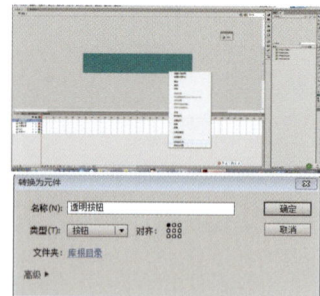

图 59

6 在库中可以看到透明按钮元件，如图 60 所示。

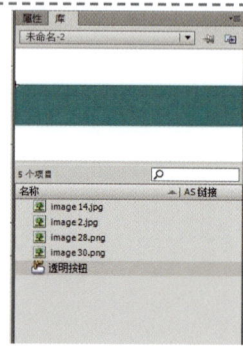

图 60

7 双击透明按钮后，设置按钮前三帧为空白，只有点击帧使原图形不变，如图 61 所示。

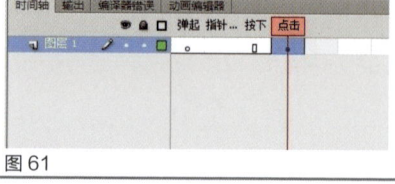

图 61

8 回到主场景，如图62右键点击透明按钮，弹出对话框中选择动作面板，写下如图64所示代码：

```
on(release)
{   getURL("http://sina.allyes.com/main/adfclick?db=sina&bid=229269,280913,286122&cid=0,0,0&sid=278751&advid=3406&camid=42837&show=ignore&url=http://fj.sina.com.cn/xm/zt/2010wbkp/index.shtml", "_blank");
}
```

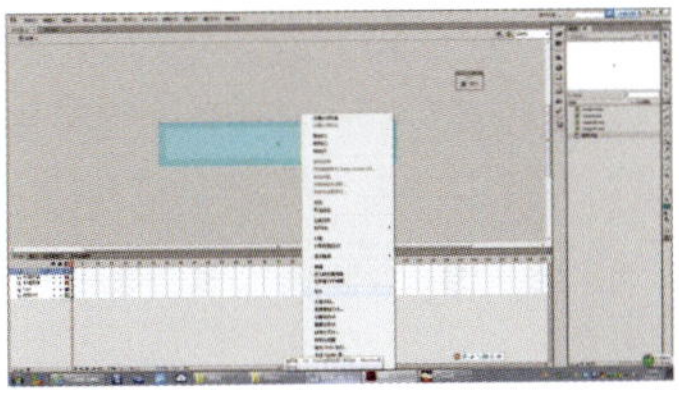

图62

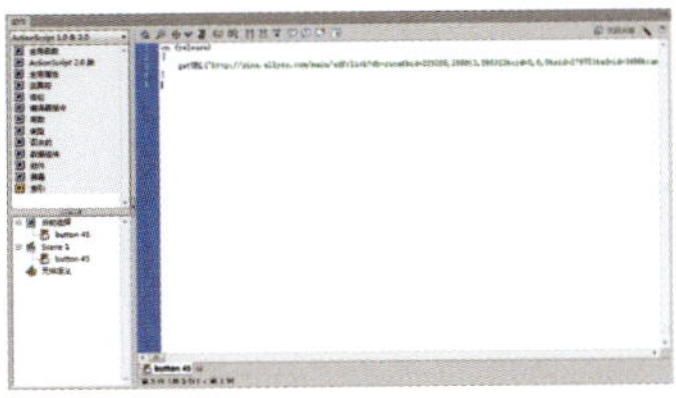

图63

9 接着，分别用钢笔工具绘制，文字工具、渐变工具在"标题文字"层放置"微博快跑"的图形元件，在"标题背景"放置"微博快跑"的彩虹背景图形元件，在"Logo"层放置新浪Logo；由于步骤较长这里不展开步骤，具体请查看源文件。完成后如图64所示。

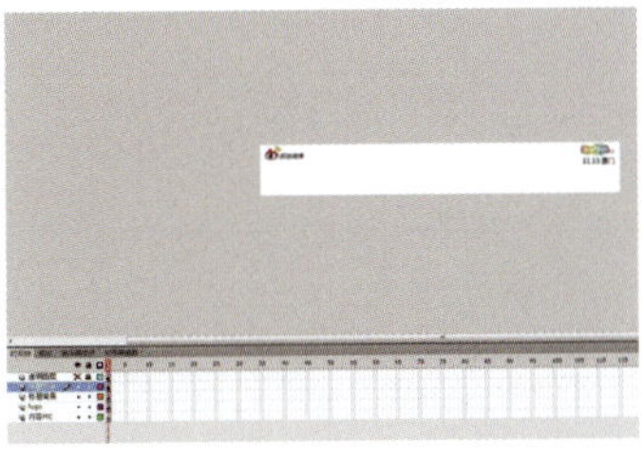

图64

10 现在来制作影片剪辑元件"MC"来放置该实例所有的动画内容，鼠标选中如图65所示"内容MC"图层的第一帧，用钢笔工具勾出黄色和白色的道路图形，然后右键单击图形选择转换为影片剪辑元件，并双击编辑该元件。

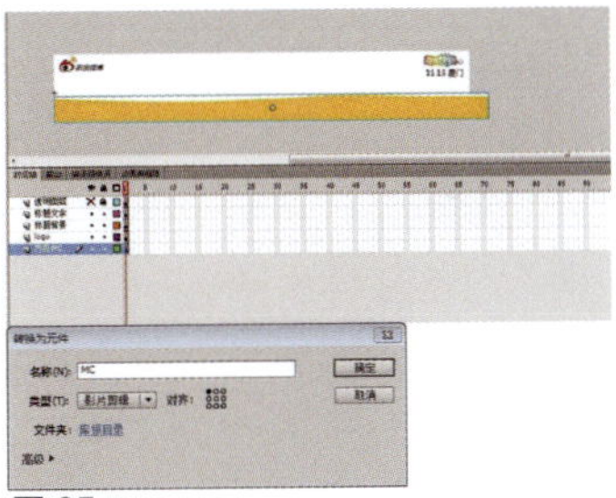

图65

11 如图66所示，新建如下图层。

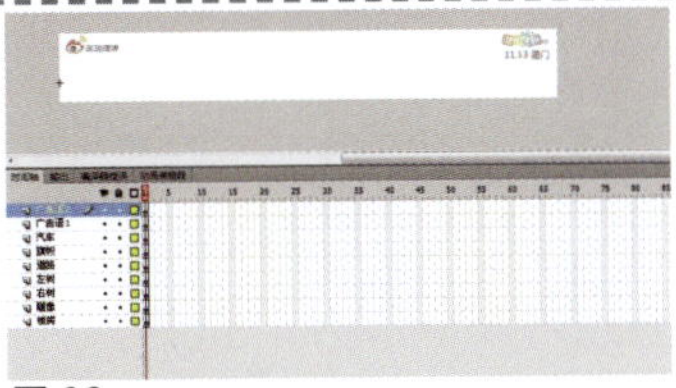

图66

12 接着，分别按F8创建影片剪辑元件"广告语1""广告语2""汽车动画""旗帜""树""雕像"和"楼"，库中如图67所示。

图67

75

13 把素材全部放入相对应的图层,如图68。

> 注意:凡是需要做成动画的都用影片剪辑元件来做,例子中的汽车、背景、道路、旗帜、广告语等全部都是有动画效果的,因此全部要转化为影片剪辑。

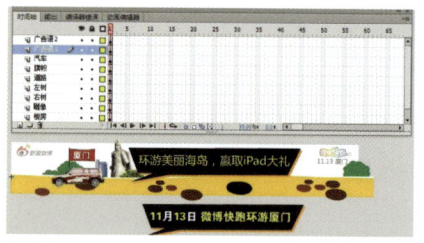

图 68

14 根据前面的实例我们对如何使用关键帧设置参数来实现动画效果已经很熟悉了,下面按照元件出现的先后,分别来设置帧动画。

首先是汽车出场,"Ctrl+F8"新建一个名为"汽车动画"的影片剪辑元件,在其帧上设置汽车图形元件的帧动画,如图69所示。

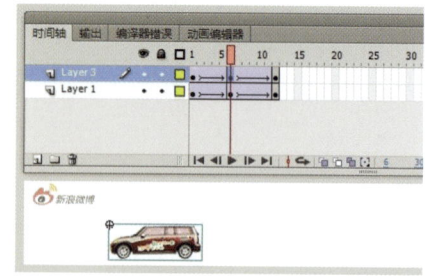

图 69

15 从库中把"汽车动画"影片元件放到MC影片元件对应的汽车图层的第1帧上,并在252帧按下F5插入帧,汽车就在从1—252帧之间出现上下运动的模拟行驶动画,如图70所示。

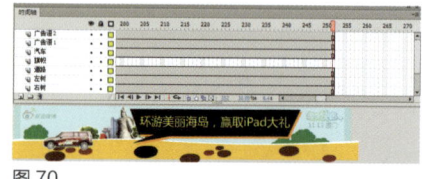

图 70

16 其次是旗帜出场。在旗帜图层,曳住第1关键帧移到第5帧,再于第11帧插入关键帧,在底帧设置缩放和旋转参数,如图71幅所示;在第11帧设置缩放和旋转参数,如图71幅所示。

图 71

17 然后,在两个关键帧之间右键创建传统间补动画,如图72所示。

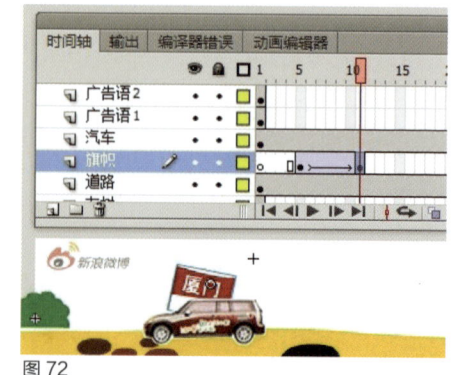

图 72

18 在68帧按下"F6"插入关键帧,并将第5帧复制粘贴至74帧,并在68-74帧之间插入传统间补,如图73所示。旗帜动画便做好了。

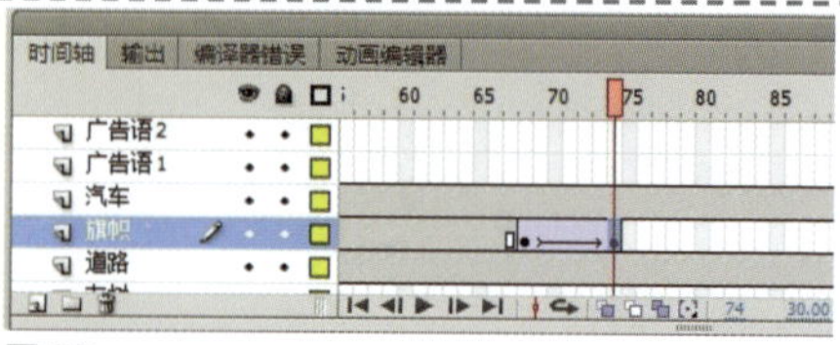

图 73

19 道路动画元件出场，将道路图层在 252 帧时按下 "F5"，即设置完成道路动画，如图 74 所示。

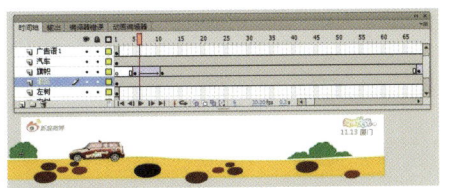
图 74

20 设置广告语出场，先设置"广告语 1"，在"广告语 1"图层第 50 帧，插入关键帧，并设置旋转和缩放，如图 75 所示。

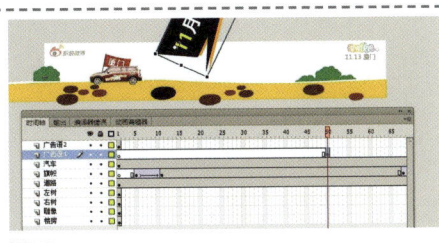
图 75

21 然后在第 55 帧插入关键帧，设置恢复缩放和旋转，如图 76 所示。

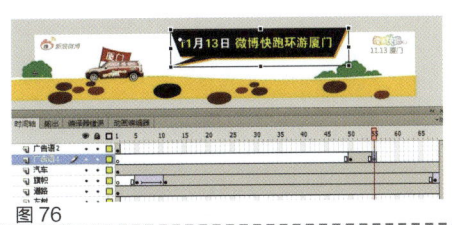
图 76

22 再创建传统间补，并打间补设置旋转缩放参数如图 77，完成"广告语 1"元件的进入画面过程。

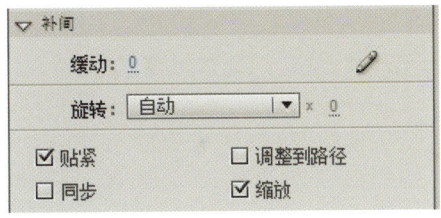
图 77

23 并在 136 和 143 帧处用同样方法设置关键帧、间补来完成"广告语 1"元件移除过程如图；同样方法制作"广告语 2"的动画过程，如图 78。

图 78

24 最后运用同样的方法设置树、雕像和房子图层的帧动画，由于篇幅关系，不一一展开讲述，详情请查阅源文件，设置完成后得到如图 79 所示效果。储存文件，完成按下"Ctrl+Enter"测试。

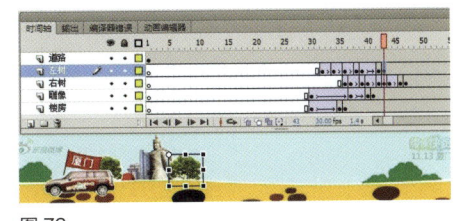
图 79

77

总结：
　　Flash 网络广告设计通过不同图层、不同帧数混合在一起，具有丰富多变的动画效果。要做好 Flash 网络广告设计尤其需要熟练掌握各种元件的属性特征，巧妙地结合动画间补功能，创作出绚丽多彩的动画画面。

课后习题

1 设计一个 Flash 动画 Banner。
2 内容："双十一，来天猫，所有品牌全部 5 折，限时抢购！"
3 要求：尺寸不限，形式新颖，视觉效果好。

CHAPTER 5
ActionScript交互式网络广告设计

第五章

第一节　认识ActionScript

什么是互动设计？就是互动形式的设计，是网络广告作品的灵魂，它也是网络广告区别于平面广告、视频广告的关键点。

互动形式直接设定哪些视听元素先出现，哪些视听元素后出现，在何种条件下以何种方式出现，而这些是由设计者根据广告目的预先设计好的。这点相对传统广告而言，它拥有着更为广阔的创作空间。它促使或引导受众在接收广告信息的过程中，可以超越时间的纬度，而直接选择自己最想看到的信息，从这种时间和空间的选择转换中，让受众体会到产品的气质、特点、精神内涵，并产生美的感受，真正与广告终端互动起来，从而对产品印象深刻。而对这种交互体系的设计就是互动设计。

Flash软件从1995年诞生以来，从作为一个交互插件发展成为综合的数字动画、交互式Web站点、桌面应用程序以及手机应用程序开发和创作编辑环境。Flash已经逐步成为一种集动画创作和应用程序开发于一身的创作软件。这其中离不开Flash软件开发团队的不懈努力，同时也是众多Flash交互动画设计者们十几年来努力研究Flash使用方法、提升Flash交互功能实现效果的结果。Flash动画以其强大的表现力和小巧的体积成为网络动画的首选软件。Flash MX 2004的发布，使Flash的功能更上一层楼，特别是ActionScript功能的增强，用户不仅能观看动画，还能参与到动画中，使Flash表现出了强大的交互性。

由于Flash动画的交互设计功能实现的方式不唯一，途径和表现形式也丰富多样，因而在追求Flash交互动画设计技术提高的同时，我们也应当注重Flash交互动画设计过程中所体现出来的艺术性。

Flash是计算机技术与动画艺术相结合的产物，技术的不断发展使Flash交互动画的艺术表现空间更加广阔，而Flash交互动画的艺术性又使得广大设计者不断追求计算机技术的提高。因而，在这个周而复始Flash交互动画的不断创作和实践过程中，技术和艺术得到了充分的结合。从而不断拓展Flash交互动画的应用领域，不断推动Flash交互动画向着更有影响力的方向发展。

一　Flash AS2.0 与 AS3.0 的定义

ActionScript 2.0：实际上是AS1.0的升级版，首次将OOP(Object Oriented Programming，面向对象的程序设计)引入Flash，但并不是完全面向对象的语言，只是在编译过程中支持OOP语法。ActionScript 2.0是Macromedia Flash MX 2004和Flash MX Professional 2004内置的脚本语言，通过ActionScript 2.0的强大功能，可以创造出各种奇妙的动画和网络应用程序。ActionScript可以做出一些简单的效果，如动态遮罩效果。在这个效果中，自定义鼠标指针随着鼠标的拖动，在拖动的方框中清楚地显示背景图片。ActionScriptY也可以做出其他一些常见的交互效果，比如动画的播放、停止、快进以及声音的音量控制、左右声道的控制等。ActionScript可制作集技术和创意于一体的动画特效。ActionScript还可制作互动性很强的游戏、导航、课件等。它把菜单、子菜单和链接地址存储于一个XML文件中，然后导入到SWF文件中，要更新菜单非常容易。ActionScript结合后台数据库可制作聊天室、论坛、网站等。

ActionScript 3.0：是一个完全基于OOP的标准化面向对象语言，最重要的就是AS3.0不是AS2.0的简单升级，而完全是两种思想的语言。可以说，AS3.0全面采用了面向对象的思想，而AS2.0则仍然停留在面向过程阶段，举个例子，就像VB和C#的感觉。在AS3.0里，可以看到Java和C#的影子，确实，这三种语言大部分思想都是一致的，只有一些小的区别，比如AS3.0引入了命名空间的概念，但是不支持委托等功能，在包封装及外部访问上也引入了一些新概念。

二　AS 的发展过程

1　ActionScript 1.0 最简单、最灵活，比较容易理解。即可以用原始的方式一个个地创建影片、设置对象的事件、处理函数等

早期的Flash 3中的ActionScript 1.0语法冗长，主要的应用是围绕着帧的导航和鼠标的交互。这种状况一直保持到Flash 5。到Flash 5版本时ActionScript已经很像JavaScript了。它提供了更强更多的功能，并为变量的传输提供了"点语法"。ActionScript同时也变成了一种Prototyped(原型)语言，提供类似于在Javscript中的简单的OOP功能。这些在随后的Flash MX(6)版本中得到了增强。

2　ActionScript 2.0 则相对比较规范，是 1.0 的升级版，首次将 OOP 引入 Flash

Flash MX2004(7)引入了ActionScript 2.0，它带来了两大改进：变量的类型检测和新的Class类语法。ActionScript 2.0的变量类型会在编译时执行强制类型

检测。它意味着当你在发布或是编译你的影片时,任何指定了类型的变量都会从众多的代码中剥离出来,检查是否与你现有的代码存在矛盾冲突。如果在编译过程中没有发现冲突,那么你的 swf 将会被创建,变量类型的代码将会运行。尽管这个功能对于 Flash Player 的回放来说没有什么好处,但对于 Flash 创作人员来说,它是一个非常好的工具,可以帮助调试更大更复杂的程序。

在 ActionScript 2.0 中的新的 Class 类语法用来在 ActionSctipt 2.0 中定义类。它类似于 Java 语言中的定义。尽管 Flash 仍不能超越它自身的原型来提供真正的 Class 类,但新的语法提供了一种非常熟悉的方式来帮助用户从其他语言上迁移过来,提供了更多的方法来组织分离出 AS 文件包。

3 ActionScript 3.0 更加系统、规范、完全 OOP

接下来我们进入到 Flash CS3 中的 ActionScript 3.0,这里我们不光有一个带有新的版本号的 ActionScirpt 语言,还有一个全新的虚拟机,即 Flash Player 在回放时执行 ActionScript 的底层软件。ActionScript 1.0 和 ActionScript 2.0 都使用 AVM1(ActionScript 虚拟机 1),因此它们在需要回放时本质上是一样的,记得我们在 ActionScript2.0 上说过,它增加了强制变量类型和新的类语法,它实际上在最终编译时变成了 ActionScript 1,而 ActionScript 3.0 运行在 AVM2 上——一种新的专门针对 ActionScirpt 3 代码的虚拟机。基于上面的原因,ActionScript 3.0 影片不能与 ActionScript 1 和 ActionScript 2 影片直接通讯 (ActionScript 1 和 ActionScript 2 的影片可以直接通讯,因为它们使用的是相同的虚拟机);如果要 ActionScirpt 3 影片与 ActionScirpt 1.0 和 ActionScript 2.0 的影片通讯,只能通过 Local Connection,但是你会发现 ActionScript 3.0 的改变意义更深远。

4 该学 AS2.0 还是 AS3.0,要看你的工作性质和自己目标

该学 AS2.0 还是 AS3.0,要看你的工作性质和自己的目标。如果你主要从事界面设计、网络动画、网络广告设计,希望界面更加互动或者做一些小游戏、小课件,AS2.0 完全可以胜任,而且学起来也比 AS3.0 要容易。

如果你主要从事程序开发或者期望开发 RIA(Rich Internet Application,富互联网应用系统)或者复杂的 Flash 游戏等大型的项目,那么毫无疑问 AS3.0 是你的首选。AS3.0 的重要性要比 AS2.0 强,开发效率要高。AS3.0 语法对其他主流 OOP 语言开发者来说更加熟悉,有 OOP 语言基础的人员学习 AS3.0 更容易。

从 2.0 到 3.0 的跨越比较大,个人感觉应该从解决问题出发,以实用为本。如果是能用 2.0 迅速解决的问题,就别再用 3.0 去折腾。但如果要用到正则表达式、E4X(ECMAScript for XML)、位操作等 3.0 现有功能的话,那还是用 3.0 比较好。本章将讲解 ActionScript 2.0 在网络广告交互设计中的制作方法。

三 认识 ActionScript 2.0 开发环境

常言道,工欲善其事,必先利其器。Flash MX 2004 实现了更标准的面向对象编程方法,ActionScript 2.0 作为一个语言新版本,在编程环境上也有些改进。比如,"动作"面板中不再包括"标准模式"和"专家模式"等。本节就先来认识一下 ActionScript 2.0 的开发环境。

1 关于 ActionScript 2.0 的参数设置

① 新建 Flash 文档。打开 Flash MX 2004,选择"文件 > 新建"命令,在弹出的"新建文档"对话框中单击"确定"按钮,新建一个 Flash 文档。

② 设置动作脚本版本。选择"文件 > 发布设置"命令,在弹出的"发布设置"对话框中单击 Flash 标签,在其中的"动作脚本版本"下拉列表框中,选择"动作脚本 2.0"选项,如图 1 所示。单击"确定"按钮。

③ 设置动作脚本工作环境参数。选择"编辑 > 首选参数"命令,弹出"首选参数"对话框,单击"动作脚本"标签,如图 2 所示。在这里可对动作脚本的字体、颜色等进行设置,保证编写动作脚本时有一个适合自己的视觉规范。

2 "动作"面板

Flash 提供了一个专门处理动作脚本的编辑环境——"动作"面板。在默认情况下,"动作"面板自动出现在 Flash 窗口的下面,如果"动作"面板没有显示出来,那么可以选择"窗口 > 开发面板 > 动作"命令来显示。

"动作"面板是 Flash 的程序编辑环境,它由两部分组成。右侧部分是"脚本窗口",这是输入代码的区域。左侧部分是"动作工具箱",每个动作脚本语言元素在该工具箱中都有一个对应的条目,如图 3 所示。

在"动作"面板中,"动作工具箱"还包含一个"脚本导航器"(位置在如图 3 所示的左下角小窗口),"脚本导航器"是 FLA 文件中相关联的帧动作、按钮动作具体位置的可视化表示形式,可以在这里浏览 FLA 文件中的对象,查找动作脚本代码。如果单击"脚本导航器"中的某一项目,则与该项目关联的脚本将出现在"脚本窗口"中,并且播放图标将移到时间轴上的该位置。

"脚本窗口"上方还有若干功能按钮,利用它们可以快速对动作脚本实施一些操作,如图 4 所示。

3 管理动作脚本

前面认识了"动作脚本"面板，下面介绍一下如何编辑和管理动作脚本。

① 添加动作脚本

可以直接在"脚本窗口"中编辑动作、输入动作参数或删除动作。还可以双击"动作工具箱"中的某一项或"脚本窗口"上方的"将新项目添加到脚本中"按钮，向"脚本窗口"添加动作。

如果想定义一个用来控制影片播放的按钮的动作脚本，则需要先选中这个按钮，然后切换到"动作"面板，在"动作工具箱"中展开"全局函数"，选择"影片剪辑控制"类别，双击该类别下的 on 动作，这样"脚本窗口"中就自动出现相应的 on 动作脚本，并且屏幕上同时还弹出关于 on 动作的参数设置下拉列表框，如图5所示。

双击"脚本窗口"参数设置下拉列表框中的某一个参数，如 Press，接着将光标移动到大括号"{"的右边，然后再切换到"动作工具箱"，展开"全局函数"中的"时间轴控制"类别，双击这个类别下面的 Play 动作，这时，在"脚本窗口"中会出现一个新的命令，最后单击"脚本窗口"上方的"自动套用格式"按钮，将"脚本窗口"中的脚本变得更清楚，最后完成的动作脚本如图6所示。

② 固定动作脚本

利用"脚本导航器"可以快速浏览影片不同位置的动作脚本，但是如果影片中的动作脚本比较多，并且动作脚本分散于 FLA 文件中的多个位置，那么可以在"动作"面板中固定（就地锁定）多个脚本，以便在脚本之间移动。

双击"脚本导航器"中的某一项，则该脚本会被固定，被固定的脚本会在"脚本窗口"的下方显示一个标签。如图7所示，在"脚本窗口"下方显示了三个标签，说明有三个脚本被固定。

单击这些被固定的脚本标签，可以在被固定的脚本之间来回切换。如图8所示，目前"脚本窗口"中显示的是图层2第1帧上的动作脚本。

如果想关闭被固定的脚本，那么右击相应的脚本标签，在弹出的快捷菜单中选择"关闭脚本"命令即可。

③ 关于代码提示

在"动作"面板中编辑动作脚本时，Flash可以检测到正在输入的动作并显示代码提示，即包含该动作完整语法的工具提示，或列出可能的方法或属性名称的弹出菜单。当精确输入或命名对象时，会出现参数、属性和事件的代码提示，这样，动作脚本编辑器就会知道要显示哪些代码提示。

例如，假设输入以下代码：

var names:Array = new Array();

当在 names 后面输入冒号"："的时候，会弹出一

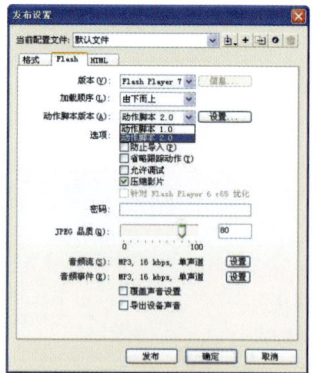

图1 "发布设置"对话框

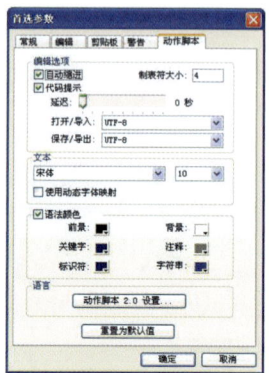

图2 "首选参数"对话框

图3 "动作"面板

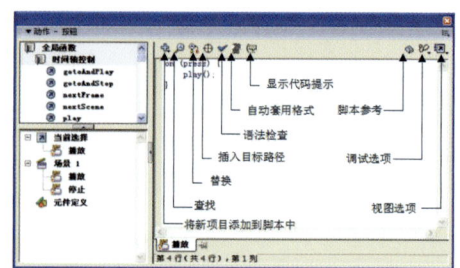

图4 功能按钮

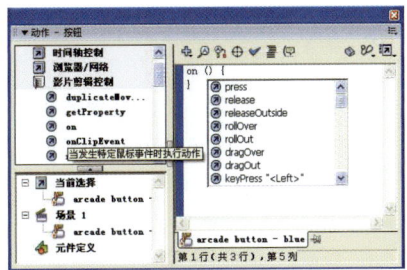

图5 添加 on 动作

图6 完成的动作脚本

图7 被固定的脚本标签

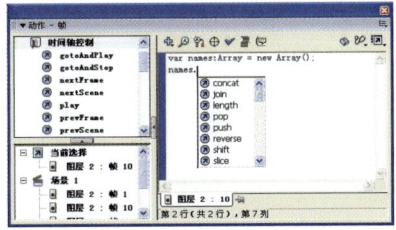

图8 代码提示

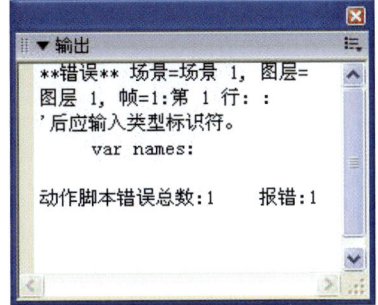

图9 "输出"面板

个下拉列表框，可以从其中选择 Array，或者直接输入 Array。接着输入：

names.

当输入句点"."时，Flash 就会显示可用于 Array 对象的方法和属性的下拉列表框（因为已经将该变量的类型指定为数组），如图8所示。

"脚本窗口"上面有一个"显示代码提示"按钮，在编辑动作脚本时，随时单击这个按钮也可以显示代码提示。

④ 检查语法和标点

要彻底弄清所编写的代码是否能像预期的那样运行，需要发布或测试文件。不过，可以不退出 FLA文件就迅速检查动作脚本代码。比如，在测试影片以前先在"脚本窗口"检查代码块两边的小括号、大括号或中括号（数组访问运算符）是否齐全；检查一下是否有大小写字母输入的错误等。另外，在测试影片的时候，如果动作脚本代码有错误，那么会弹出"输出"面板，在上面会看到相关的错误提示信息，如图9所示。

在"动作"面板中，可以用以下三种方法检查语法。

a 单击"脚本窗口"上方的"语法检查✔"按钮。

b 在"动作"面板中，单击右上角的"▤"按钮，在弹出的菜单中选择"语法检查"命令。

c 在"动作"面板中，按组合键"Ctrl+T"。

总之，Flash使用ActionScript给动画添加交互性。在简单动画中，Flash按顺序播放动画中的场景和帧，而在交互动画中，用户可以使用键盘或鼠标与动画交互。例如，可以单击动画中的按钮，然后跳转到动画的不同部分继续播放；可以移动动画中的对象；可以在表单中输入信息，等等。使用 ActionScript可以控制 Flash动画中的对象，创建导航元素和交互元素，扩展 Flash创作交互动画和网络应用的能力。使用 flash交互式动画设计工具，可以将音乐、声效、动画以及富有新意的界面融合在一起，创建基于网络流媒体技术的带有交互功能的矢量动画。Flash交互式动画设计工具的功能十分强大，不仅可以用来制作网络卡通动画，而且还可以用来制作 mv音乐动画、交互游戏、多媒体教学课件、专业网络广告，甚至完整的动态网站页面等。

第二节　网络广告中常用的交互技术

一　帧事件

帧事件和鼠标事件及键盘事件的主要区别在于，帧事件并不是一个交互式事件。每当影片播放到指定的帧时，帧事件内部的代码就会被执行，在 Flash 开发环境中，帧事件在时间线上会有一个"a"标记。

二　鼠标和键盘事件

鼠标和键盘的事件可以说是应用最多的事件了，用户通过挥动鼠标各种事件来看看 Flash 应该如何作出反应，或者按下或者移动或者拖曳等等，基本语法如下：
　　on(　){
};
　解释：
　　即当事件发生时（事件名称）{
　　　执行大括号中的内容；
　　};

三　摄像头、麦克风

麦克风和摄像头属于捕捉外部输入设备的数据，来执行某些程序。

四　影片剪辑

影片剪辑实例也是可以自身处理代码的，利用"onClipEvent(){};"根据不同的影片剪辑实践来处理执行某些程序。以上四类常见的交互技术逻辑关系见图 10。

图 10

第三节　交互设计制作实训

课题一　鼠标交互类网络广告设计制作

实训1：鼠标跟随——天猫圣诞中大奖篇

广告文案
　　天猫为您准备了100万元圣诞大奖！
学习重点
　　鼠标跟随、隐形按钮。
源文件位置
　　实例源文件 / 5 / 1 /实例 1

图 11

制作步骤	
制作影片剪辑元件	
1 新建并设置文档属性，如图 12 所示。	图 12
2 制作背景图像，如图 13 所示。	图 13
3 新建图层命名为"广告语"并设置时间轴从 1 至 16 帧，在白色背景处制作"天猫为您准备了 100 万元圣诞大奖"的广告语，在墨绿色背景处制作"Open your hat, click to receive……"广告语及圣诞树图标 MovieClip 元件，如图 14 所示。	图 14

4 在广告语图层第 17 帧插入关键帧,将白色背景处制作的"天猫为您准备了100万元圣诞大奖"广告语在此帧删除,并在 50 帧按下"F5",如图 15 所示。

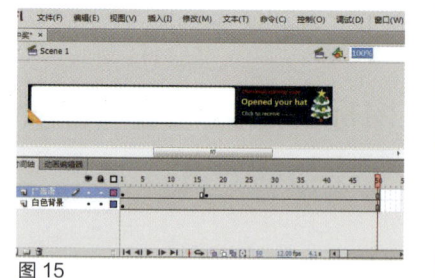

图 15

制作隐形按钮

5 制作隐形按钮,新建名为"感应区"的图层,在 16 帧处按下"F5",用矩形工具绘制一个覆盖住白色背景的方块,右键转化为名为"透明区域"的按钮元件,按住其第一帧拖曳至第四帧,如图 16 所示。

图 16

6 回到主场景,在刚才制作的透明按钮上写上 ActionScript,如图 17 所示。

提示:主场景时间轴分为两段,鼠标未经过感应区时为 1—16 帧,鼠标经过感应区则为 17—50 帧。

图 17

7 制作奖品图层,在 17 帧插入关键帧,并放入素材图片,如图 18 所示。

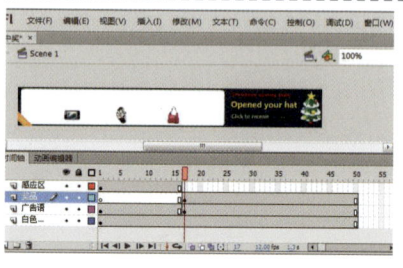

图 18

8 制作魔术棒,新建名为"魔术棒"的图层,在 17 帧插入关键帧,创建 MovieClip 元件并用 Illustrator 绘制魔术棒矢量图形,并将此元件实例名设置为"b",如图 19 所示。

图 19

编写 ActionScript

9 如图 20 所示编写 ActionScript 控制魔术棒的鼠标跟随效果，新建名为 Action 的图层，在第 1 帧和第 17 帧设置空白关键帧，在第 1 帧上写：
stop();
第 17 帧上写：
stop();
startDrag("b", true);
Mouse.hide();

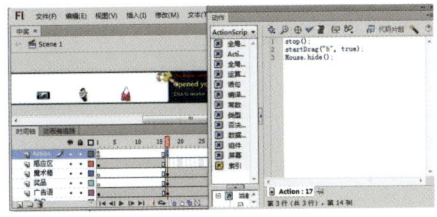
图 20

10 制作魔术帽鼠标经过动画效果，根据三个奖品内容分别新建"1-1""2-1"和"3-1"三个影片剪辑，实例名分别为"a1""a2"和"a3"，如图 21 所示。

图 21

11 以左边第一个"1-1"影片元件为例来分析制作思路。先新建一个"1"的影片元件来制作礼帽及其透明感应区域，并在透明按钮区域上写如图 22 上幅所示的 ActionScript，再将其拖曳至"1-1"影片元件中；制作鼠标经过礼帽时被掀起的传统间补动画效果，如图 22 下幅所示创建两个图层，一个放置文字在第 5 帧，另一个图层制作礼帽打开的传统间补动画，并在第 1 帧和第 5 帧写上 stop();。同样的方法再依次制作"2-1"和"3-1"影片剪辑元件，这里就不复述，具体内容请查看源文件。

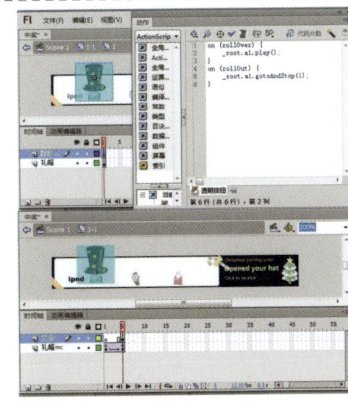
图 22

12 回到主场景，在新建的魔术帽图层的第 17 帧创建关键帧，并从库中拖入"1-1""2-1"和"3-1"三个影片剪辑元件，并在第 50 帧插入帧，如图 23 所示。

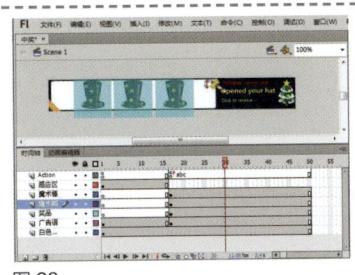
图 23

13 完成，按下"Ctrl+Enter"测试。

总结：
鼠标交互式广告设计中，鼠标跟随、隐形按钮、影片剪辑实例等都是经常用到的技术，熟练掌握这些技术是进行复杂 ActionScript 广告制作的前提。

实训2：鼠标滑动——米其林轮胎视频播放器

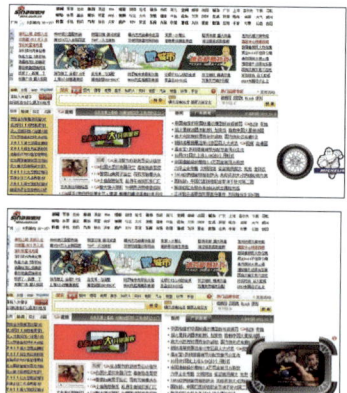

广告文案
　　米其林轮胎视频播放器。
学习重点
　　鼠标滑动、视频导入。
源文件位置
　　实例源文件／5／1／实例2

图 24 本实例由张淼栋提供

制作步骤	
制作播放器动画	
1 新建并设置文档属性，如图 25 所示。	图 25
2 如图 26 所示主场景上新建两个图层，这里网页插入的是一张截图，只是为了演示用的，播放器图层暂时空着留在以后放入制作好的影片剪辑元件。	图 26
3 制作米其林卡通人物动画，烘托主题。新"米其林动画"影片剪辑元件，通过关键帧改变透明度的值来实现间补动画，如图 27 所示。	图 27

4 制作"轮胎转动"影片剪辑元件，如图 28 所示。

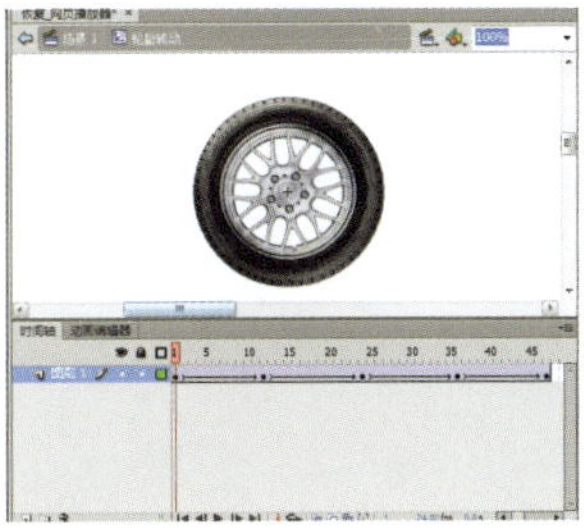

图 28

5 同样方法制作"播放器 1"影片剪辑元件。

6 制作"关闭"按钮元件，如图 29 所示。

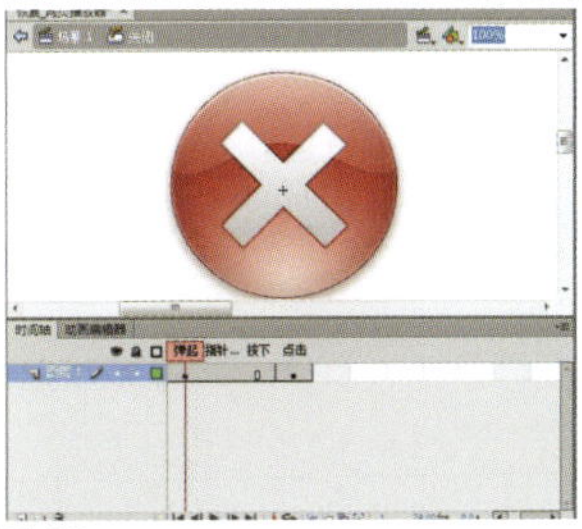

图 29

7 制作"视频一"和"视频二"影片剪辑元件，将准备放入的影片转化为 Flv 格式，再创建"视频一"，选择文件菜单导入视频，并勾选在 swf 中嵌入 Flv，并在时间轴中播放，如图 30 所示。

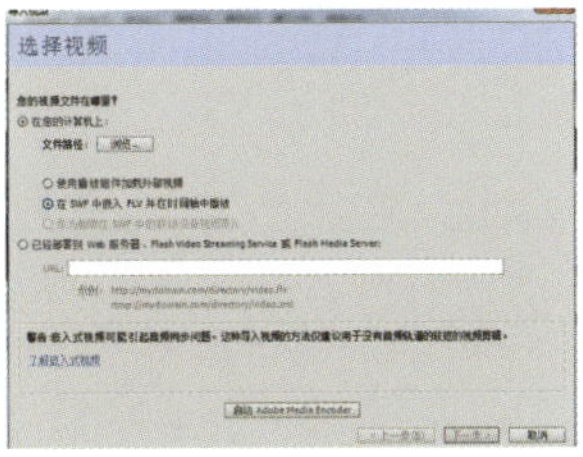

图 30

8 在"视频一"的时间轴上的呈现如图 31 所示，同样的方式制作"视频二"影片剪辑，这里不再复述。

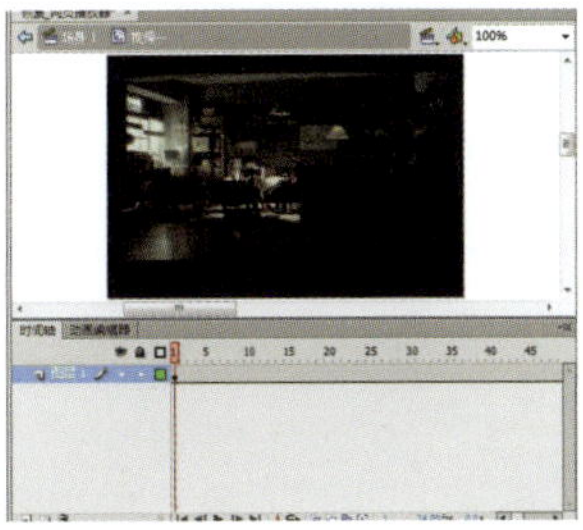

图 31

制作交互脚本

9 重点是"播放器 2"影片剪辑元件的制作，这就是最后要放在主场景播放器 MC 空白关键帧上的影片剪辑元件。如图 32 所示，分别设置图层的帧动画来实现，

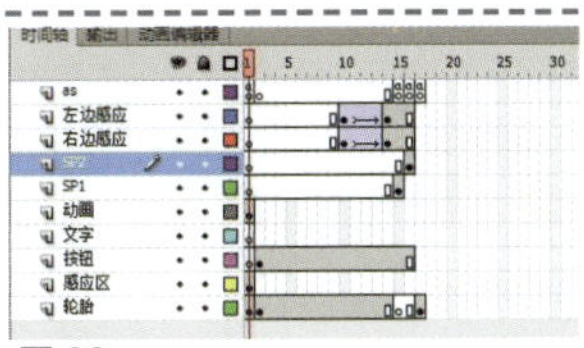

图 32

89

由于篇幅有限且这些内容属于 Flash 动画的内容，这里不再展开复述，详情请查阅源文件及第四章的相关内容，需要设置 ActionScript 的地方是 AS 图层上的第 1、15、16 和 17 关键帧，分别写入"stop()；"的脚本内容，用来控制播放器被鼠标触碰前、触碰后、点击切换和点击的四种状态，如图 33 所示。

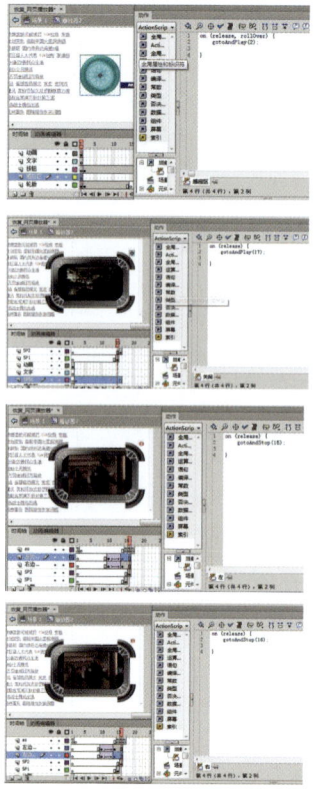

图 33

10 在按钮的控制上全部采用隐形按钮的形式，即在轮胎、关闭、向左和向右四处放置了隐形按钮。

11 最后，回到主场景，将"播放器 2"影片剪辑元件放在主场景播放器 MC 空白关键帧上，如图 34 所示。

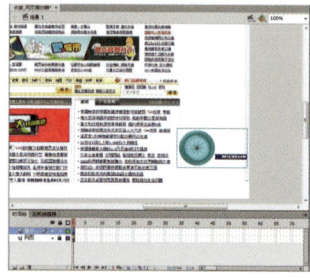

图 34

12 完成，按下"Ctrl+Enter"测试。

总结：
　　这个例子中视频导入影片剪辑元件中，然后利用鼠标滑动交互控制切换不同影片的技术，其中播放器的卡通动漫设计选择恰到好处。

实训3：鼠标点击——CS反恐精英射击游戏

广告文案
  反恐精英开始吧！
学习重点
  本实例的画面结构分为三个部分，游戏开始前、进行中和结束后。
源文件位置
  实例源文件 / 5 / 1 / 实例 3

图 35 本实例由张淼栋提供

制作步骤

1 新建并设置文档属性，如图 36 所示。

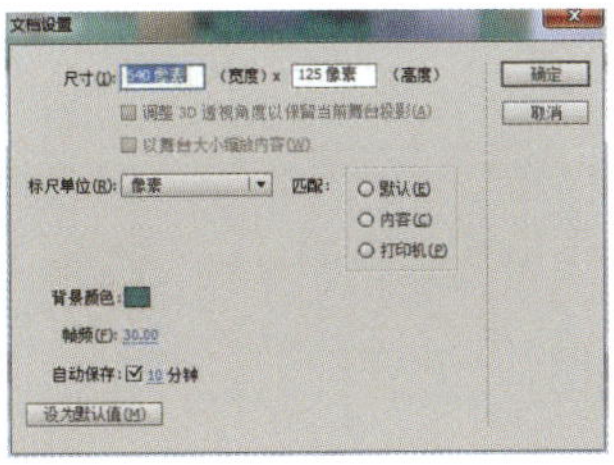

图 36

2 首先来划分时间轴，在主场景设置 75 帧的总长度，第 1 帧标签为 q1 作为游戏开始前，第 9 帧为 q2 作为进行中和第 45 帧为 q3 作为结束后，如图 37 所示。

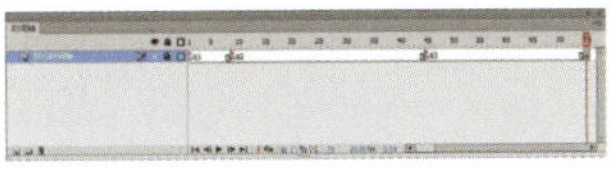

图 37

3 制作游戏开始前的画面内容。制作进入游戏时黑色幕布展开的动画效果，使用变形工具和传统间补动画命令来实现，分别设置相关图层，如图 38 所示。

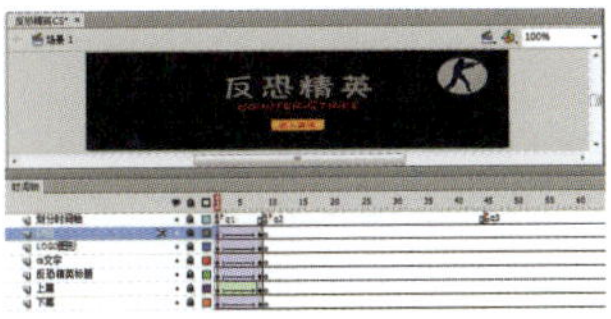

图 38

4 制作准心图样的鼠标跟随，按"Ctrl+F8"创建"准心"影片剪辑元件，实例名为"a1"，拖放至准心图层帧上，如图39所示，并在划分时间轴图层第一帧写上：
stop();
startDrag("_root.a1", true);
Mouse.hide();

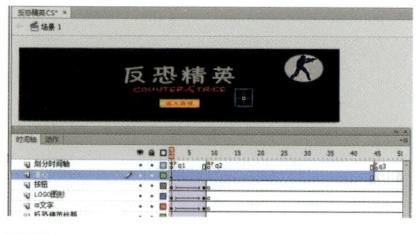

图 39

5 给开始按钮写上 ActionScript，前面制作的进入游戏按钮，选中按钮并右键打开动作面板输入：
on (release) {
　　play();
　　}

这样画面就可打开黑幕进入游戏画面了。

6 下面紧接着制作游戏过程部分的影片剪辑元件"游戏动画"。这是整个游戏的主图内容，为了实现目标人物在场景中有前后遮挡的背景效果，这里制作前后两个背景图层，中间放置人物图层，如图40所示。

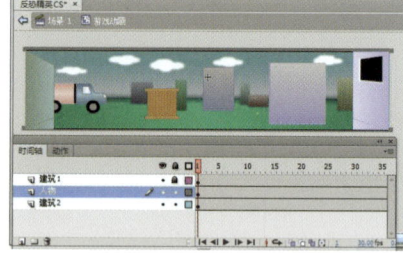

图 40

7 制作能够被鼠标击中动画和声音效果的影片剪辑"人物移动"。首先需要制作四个元件，不同人物图片的影片剪辑分别是"精英1""精英2""恐怖分子1"和"恐怖分子2"。现在以"恐怖分子1"为例讲解详细制作，按"Ctrl+F8"新建"恐怖分子1"影片剪辑，在图层人物中导入图片素材"png-1550.png"，并设置第1帧、第2帧和第10帧为关键帧，在第1帧和第10帧写上：
stop();
第2帧就是被击中的动画的声效了，在这里绘制一个爆炸图形，并导入声效素材"枪声.mp3"，如图41所示。

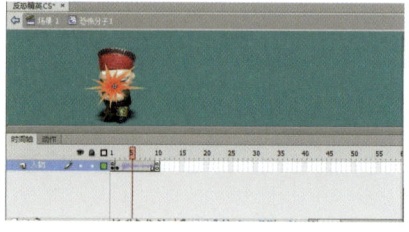

图 41

8 利用先前实例中制作隐形按钮的方法，制作新图层并放置在人物上面，只在第 1 帧，并选中按钮写上：

```
on (press) {
    _root.a1.play();
    gotoAndPlay(2);
    _root.x1 = _root.x1+1;
}
```

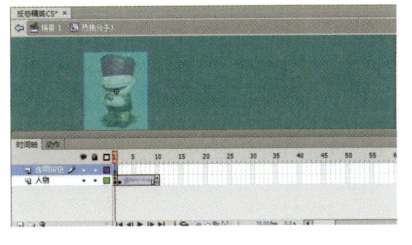

图 42

这里的"_root.x1 = _root.x1+1;"之后面要用到动态文本变量名"x1"，意思为每点击一次，数值增 +1。

用相同方法再制作"精英 1""精英 2""恐怖分子 2"这三个影片剪辑元件，然后新建影片剪辑元件"人物移动"，用四个图层分别放置"精英 1""精英 2""恐怖分子 1"和"恐怖分子 2"来实现各自随机出现的动画效果，总帧数为 400 帧，在第 400 帧上写上：

this.gotoAndPlay(1);

实现循环播放。

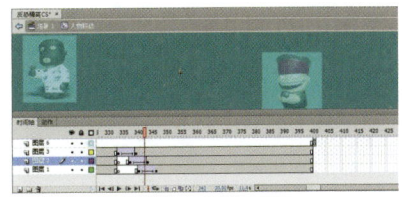

图 43

9 双击回到步骤 6 中新建的"游戏动画"影片剪辑元件，把总帧数设置为 500 帧，在人物图层把刚才制作好的"人物移动"影片剪辑元件拖放至时间轴上，为了使游戏在第 500 帧播放完成的时候跳转至主场景的帧标签 q3 并播放，必须在第 500 帧上写上：

```
tellTarget ("_level0")
{
    gotoAndPlay("q3");
}
```

10 下面回到主场景，将库中的"游戏动画"影片元件拖至图层"动画过程"的 q2 标签和 q3 标签之间这一段时间轴长度，游戏过程制作完毕，最后来制作游戏结束画面吧！游戏结束画面从帧标签 q3 处开始至结束帧。

11 新建"动态文本"图层,并再用文本工具输入静态文本"你共击退　位敌人",在空格处再输入一个动态文本框,在属性中变量名设置为"x1",对它的控制在步骤 7 中的击中人物隐形按钮中已进行脚本设置。为了显示效果,给这段文字加了半透明的白底,并把"游戏过程"延长至帧标签 q3 段,让其出现游戏场景做背景,至此游戏画面是结束了,但 q3 段的 68 帧至结束帧为了和开始黑色幕布上面展开形成呼应,即在第 68 帧加上一段和开始黑色幕布上面展开相反的合拢动画效果,并在 q2 帧和结束帧写上"stop();",如图 44 所示。

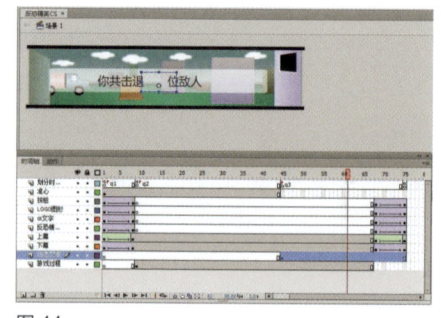

图 44

12 完成,按下"Ctrl+Enter"测试。

总结：
　　这个实例中除了用到前面所学的鼠标跟随,隐形按钮、影片剪辑实例等经常用到的技术外,重点是一般简单游戏的三段式架构和 tellTarget();实现从元件内部跳转至其场景或其他位置的制作思路。

实训4：鼠标上下帧——给房间换新装

广告文案
　　马年搬家！30% 优惠。
学习重点
　　本实例是为家具网站设计的一个交互小游戏,让用户可以点选五组按钮左右选择改变房间内的若干家具,增加用户参与的互动乐趣。
源文件位置
　　实例源文件 / 5 / 1 / 实例 4

图 45 本实例由学生卢素华提供

制作步骤

1 新建并设置文档属性，如图 46 所示。

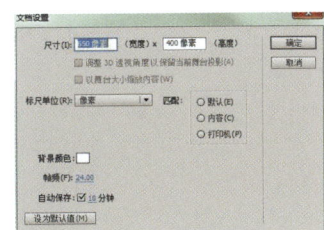

图 46

2 首先在主场景中把整个布局安排搭建出来，将已经绘制好的墙壁、地面、Logo、地毯和广告语等元素安排到合适的位置，效果如图 47 所示。

图 47

3 下面就是分别新建"柜子""沙发""电视""挂钟"和"灯光"这五个影片剪辑元件。以"沙发"为例，总体思路是这样，创建影片剪辑元件后，按钮设置一个图层，然后把准备植入的沙发图形放置在另一图层的每一个关键帧上，一帧放置一张不同的图片，这样我们可以利用点击按钮选择上下帧的方法来控制其变换，并在第一帧上写上"stop();"，如图 48、49 所示。

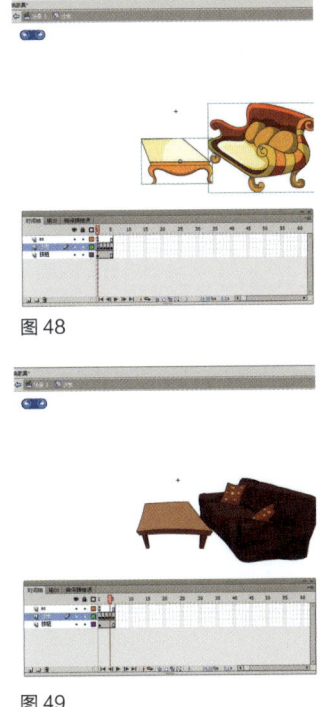

图 48

图 49

4 现在给按钮的左右两个箭头分别写上"ActionScript",如图50所示。

向左用前一帧,如下:
```
on (release) {
    this.prevFrame();
}
```

向右用下一帧,如下:
```
on (release) {
    this.nextFrame();
}
```

图50

5 按下"Ctrl+Enter"测试,这时出现问题了。当向左和向右分别走到头的时候,再继续点击则不能变换。这个细节需要进一步给"this.prevFrame();"和"this.nextFrame();"设置一个"if(){}else{};"条件句式实现循环不断地从头到尾再从尾到头变换,完整写法如图51所示。

注意:如果向左到了第一帧,那么自动转跳到最后一帧,否则继续向上一帧。

再次按下"Ctrl+Enter"测试,现在问题解决了。

左键写如下:
```
on (release) {
    if (this._currentframe == 1)
{
    this.gotoAndStop(this._totalframes);
    }else{
    this.prevFrame();

}
```

向右键写如下:
```
on (release) {
    if (this._currentframe == this._totalframes) {
        this.gotoAndStop(1);
    }else{
        this.nextFrame();
    }
}
```

图51

6 按照上述步骤,依次完成"柜子""电视""挂钟"和"灯光"这四个影片剪辑元件。制作完成后,回到主场景,将其一一拖到主场景对应的新图层"变换"上,放到相应的位置,如图52所示。

7 完成,按下"Ctrl+Enter"测试。

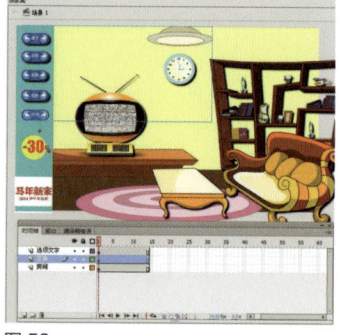

图52

总结：
　　这个实例的完成是利用上下帧的制作思路，完全可以举一反三推广到很多不同的创意形式上，如给模特换衣服、制作相册和小图库等，非常实用。

实训5：鼠标拖曳——NRDC物种多样性拼图游戏

广告文案
　　保护物种多样性！NRDC（美国自然资源保护委员会）

学习重点
　　本实例是一则交互类的公益网络广告，主题是保护物种多样性，通过将各种野生动物的形态打乱进行拼图，最后完成了一副世界地图的巧妙构思，体现了物种多样性对人类生存环境的意义。

源文件位置
　　实例源文件／5／1／实例5

图 53 本实例由霍丽瞳提供

制作步骤

1 新建并设置文档属性，如图54所示。

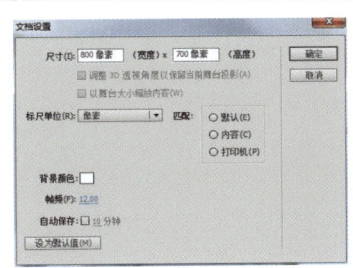

图 54

2 设计基本版式，Logo 和拼图的轮廓摆放到恰当的位置，如图 55 所示。

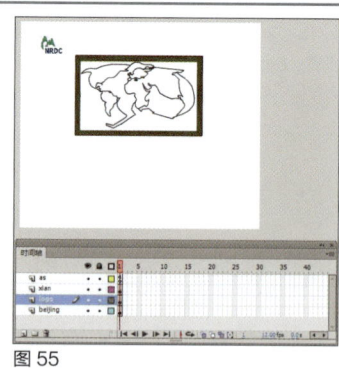

图 55

3 将动物板块的轮廓线复制到新的图层"kuai"上，如图 56 所示，并上色，其中每个动物分别建一个影片剪辑元件，从左至右实例名分别是：鱼"tu1"鹿"tu2"蜥蜴"tu3"海豹"tu5"牛"tu6"海螺"tu7"和绿地"tu4"。为了拼图结束时这些板块逐渐消失，这里在每个影片剪辑元件中都制作一段透明度间补动画，并在首尾写上"stop();"动作。这里以鱼"tu1"为例，如右图所示。其他 6 个影片剪辑元件用上述相同方法制作，这里省略步骤，详情请查看源文件。

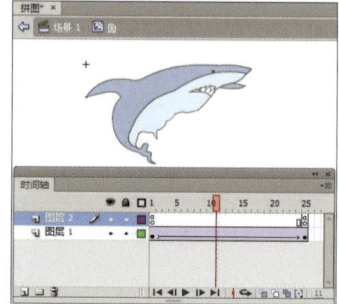

图 56

4 在同一图层复制刚才的 7 个影片剪辑元件粘贴到下面，打乱其位置，并修改其实例名为"mc1"……"mc7"，如图 57 所示。

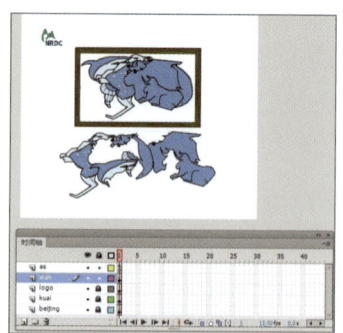

图 57

5 现在还要设计一个画面，就是 7 块拼图全部被摆放到正确的位置时，出现广告语的"finish"影片剪辑元件。设置一段世界地图渐渐清晰的间补动画，并在首尾写上"stop();"动作，如图 58 所示。

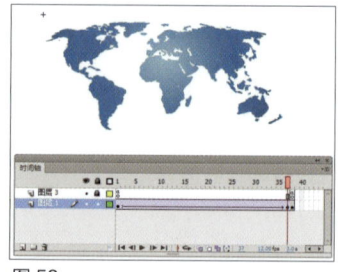

图 58

6 现在要写动作脚本实现拖动效果了，基本思路是：这里要用到的就是"startDrag();"和"stopDrag();"实现拖动，然后"hitTest()"来测量"_x"与"_y"坐标相等的情况并计算拼图是否正确，这样还要用"for (i=1;

i<=pices; i++){}"来实现 7 块拼图全部完成后出现标版信息的部分,下面就是在第一帧上写上动作脚本:

```
djs = 1;
pices = 7;
for (i=1; i<=pices; i++) {
    mymc_mc = eval("mc"+i);
    tumc_mc = eval("tu"+i);
    tumc_mc._visible = 0;
    td(mymc_mc, tumc_mc);
}
function td(my_mc, tu_mc) {
    mymc_mc.onPress = function() {
        this.startDrag(false, 152, 40, 648, 698);
    };
    mymc_mc.onRelease = function() {
        stopDrag();
        if (djs == 1) {
            if (this.hitTest(tu_mc)) {
                this._x = tu_mc._x;
                this._y = tu_mc._y;
                finish_num = 0;
                for (m=1; m<=pices; m++) {
                    if (eval("mc"+m)._x == eval("tu"+m)._x &&
eval("mc"+m)._y == eval("tu"+m)._y) {
                        finish_num += 1;
                    }
                    if (finish_num == pices) {
                        finish._alpha = 100;
                        finish.gotoAndPlay(1);
                        qq._visible = 0;
                        mc1.gotoAndPlay(1);
                        mc2.gotoAndPlay(1);
                        mc3.gotoAndPlay(1);
                        mc4.gotoAndPlay(1);
                        mc5.gotoAndPlay(1);
                        mc6.gotoAndPlay(1);
                        mc7.gotoAndPlay(1);
                    } else {
                        finish._alpha = 0;
                    }
                }
            }
        }
    };
}
```

完成,按下"Ctrl+Enter"测试。

> **总结：**
> 　　这个实例这里要用到的就是"startDrag();"和"stopDrag();"实现拖动，然后"hitTest()"来测量"_x"与"_y"坐标相等的情况并计算拼图是否正确，这样还要用"for (i=1; i<=pices; i++){}"来实现7块拼图全部完成后出现标版信息的部分。

课后习题

　　1 根据以上实例中使用交互技术，自选一个品牌，重新设计一个形式新颖的交互广告。
　　2 尺寸不限。
　　3 创意新颖，交互形式好，动画生动。

课题二　按键控制交互式广告设计制作

实训1：输入文本框——梦幻西游穿越篇

> **广告文案**
> 　　你想知道你的前世今生吗？
> **学习重点**
> 　　实例是为《梦幻西游》设计的一个根据用户输入的性别选择，进行穿越的交互式网络广告，广告在主场景上分为四个部分：开始画面，选择男性时跳转的画面，选择女性时跳转的画面和结束画面。
> **源文件位置**
> 　　实例源文件 / 5 / 2 / 实例 1

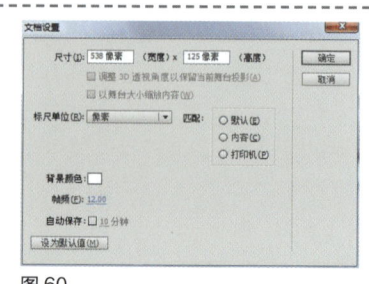

图 59 本实例由张淼栋提供

制作步骤

1 新建并设置文档属性，如图 60 所示。

图 60

2 首先来划分时间轴，在主场景设置155帧的总长度，第1帧作为开始画面写上"stop();"。

第2帧设置标签为"Man"，2—55帧作为男画面部分。

在第55帧写上："gotoAndPlay("last");"，即在选择输入"男"时进入这一段画面结束后随即跳转至结束画面。

第56帧标签为"Woman"作为选择输入"女"时进入画面，这一段从56—110帧，第111帧标签为"last"结束画面，如图61所示。

图61

3 制作开始画面，在第一帧通过设置不同图层将相关的素材一一导入并放置在合适的位置，其中姓名和性别后面的空白内容为输入文本框，其变量名分别为yourName、Sex，效果如图62所示。

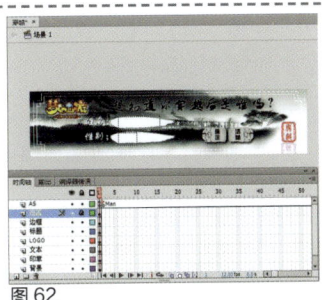

图62

4 用同样的方法在第2—55帧制作男画面，其中的姓名空白文本框仍为输入文本框，设置其变量名为"yourName2"，效果如图63所示。

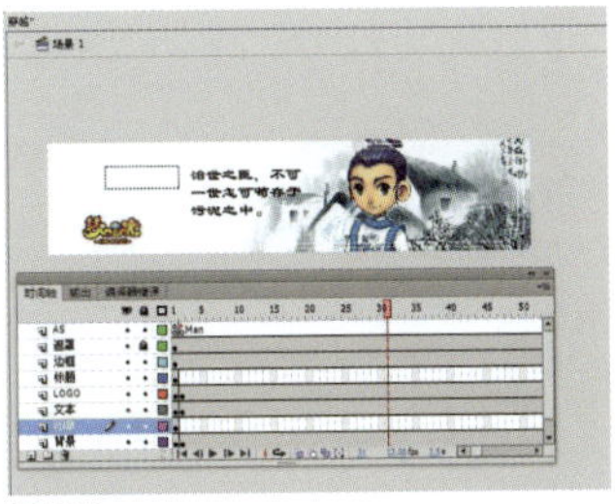

图63

5 再用上述方法制作第56—110帧的女画面，其中的姓名空白文本框仍为输入文本框，设置其变量名为"yourName2"，效果如图64所示。

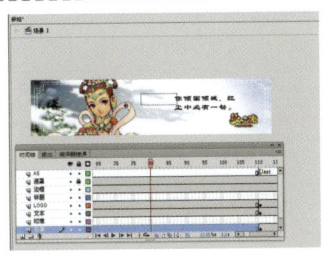

图64

6 最后画面的制作从第111帧至最后帧，这是个带有广告语文字动画效果剪辑元件的画面，输入相关素材，效果如图65所示。

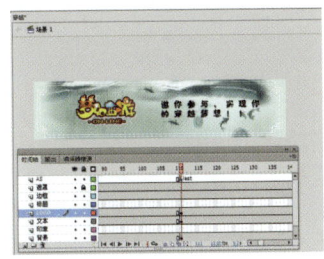

图65

7 现在所有画面都完成了。需要给一开始的画面中的确认和清除两个按钮写上脚本语言。选择确认按钮右键添加动作脚本：
```
on (release) {
    yourName2 = yourName;
    if (Sex == " 男 ") {
            gotoAndPlay("Man");
    } else if (Sex == " 女 ") {
            gotoAndPlay("Woman");
    }
    // 注释：在鼠标松开时，如果输入内容是"男"就跳转至 Man 帧标签处，如果输入内容是"女"则跳转至 Woman 标签处。
```

8 选择清除按钮，右键设置动作脚本如下：
```
on (release) {
    yourName = "";
    Sex = "";
}
// 注释：当鼠标释放时，清除内容。
```

9 为了防止重新播放时出错，最好在第 1 帧加上：
```
yourName = "";
    Sex = "";
// 注释：防止已填内容出现在开始画面。
```

10 按下"Ctrl+Enter"测试。

总结：
这个实例主要使用的 ActionScript 技术有：
a 创建输入文本框的方法。
b 用 ActionScript 设置动态输出信息的广告条效果。
c "if(){}else if(){}" 的条件句式在选择信息时的使用。

课后习题

1 根据以上实例中的使用的交互技术，自选一个品牌，重新设一个形式新颖的交互广告。
2 尺寸不限。
3 创意新颖，交互形式好，动画生动。

实训2：键盘控制——打地鼠游戏篇

广告文案
　　解救你的公主。
学习重点
　　本实例是为一系列教育软件设计的一款用键盘上的数字键来控制的打地鼠小游戏，本游戏由开始画面、游戏过程、游戏成功和游戏失败四个画面构成全篇，如图所示。
源文件位置
　　实例源文件 / 5 / 2 / 实例 2

图 66　本实例由广州市月天动漫有限公司提供

制作步骤

1　新建并设置文档属性，如图 67 所示。

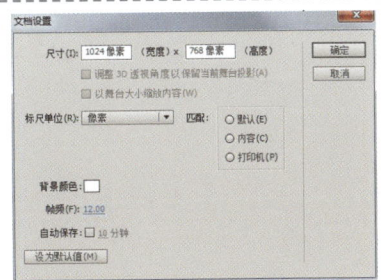

图 67

2　通过前面的思路分析，本游戏由开始画面、游戏过程、游戏成功和游戏失败四个画面构成全篇。在主场景上用四个帧分别划分这四个部分，首先第 1 帧开始帧画面，把画面所需的素材、按钮和影片剪辑元件都绘制好，按照已经规划好的画面设计排好版式，如图 68 所示并在帧上写上脚本，主要是设置背景音乐。

```
stop ();
fscommand("fullscreen", "true");
stopAllSounds ();
var sound = new Sound();
sound.attachSound("song15");
sound.start(0, 0);
```

图 68

3　第二帧画面是很多影片剪辑元件组成的游戏过程画面，游戏中主要的动作脚本和动画效果都是在这一帧制作的。由于元件较多，在此不一一展开讲述，请查看源文件。在脚本的编写上，这里要实现键盘控制，要用 Key.isDown() 这个条件，括号里面的内容就是电脑键盘上所有的按键所一一对应的键码值，这样就可以精确到键盘上面某个键被按下时，关联给某个具体的动作效果了，所有键码包括大键盘和小键盘的对应值如图 69 所示。

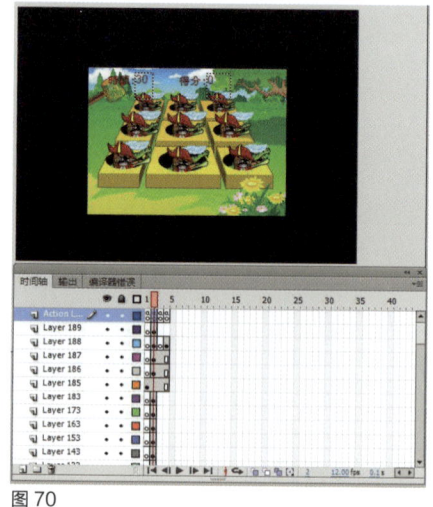

图 69

4　在这个例子里面要关联到数字从 "1" 到 "9" 的每一个键码都被程序调用，具体写法如下：

```
Key.addListener(_root);
_root.onKeyDown = function ()
{
var _loc2;
if (Key.isDown(97))
{
    _loc2 = 1;
}
else if (Key.isDown(98))
{
    _loc2 = 2;
}
else if (Key.isDown(99))
{
    _loc2 = 3;
}
else if (Key.isDown(100))
{
    _loc2 = 4;
}
else if (Key.isDown(101))
{
    _loc2 = 5;
}
else if (Key.isDown(102))
{
    _loc2 = 6;
```

图 70

```
    }
    else if (Key.isDown(103))
    {
        _loc2 = 7;
    }
    else if (Key.isDown(104))
    {
        _loc2 = 8;
    }
    else if (Key.isDown(105))
    {
        _loc2 = 9;
    } // end else if
```

5 除此之外还要完成游戏的其他操作，需要用到循环、数组、函数等，如图70所示第2帧的完整脚本写法如下：

```
function xx()
{
    for (i = 1; i < 10; i++)
    {
        _root["ey" + i + "_mc"]._visible = false;
        _root["hk" + i + "_mc"]._visible = false;
        ary[i] = 0;
    } // end of for
    var _loc2;
    _loc2 = random(10);
    if (ary[_loc2] == 0 && _loc2 != 0)
    {
        ary[_loc2] = random(10) > 1 ? (2) : (1);
    } // end if
    if (ary[_loc2] == 1)
    {
        _root["hk" + _loc2 + "_mc"]._visible = true;
    }
    else if (ary[_loc2] == 2)
    {
        _root["ey" + _loc2 + "_mc"]._visible = true;
    } // end else if
    return;
} // End of the function
function isS()
{
    if (parseInt(sent_txt.text) >= 100 && time_txt.text == 0)
    {
        gotoAndPlay(4);
    }
    else if (time_txt.text == 0 && parseInt(sent_txt.text) <= 100)
    {
        gotoAndPlay(3);
        return;
    } // end else if
} // End of the function
stop ();
sound.stop();
var ary = new Array(10);
for (i = 1; i < 10; i++)
{
    _root["ey" + i + "_mc"]._visible = false;
    _root["hk" + i + "_mc"]._visible = false;
    ary[i] = 0;
} // end of for
var sound1 = new Sound();
var sound2 = new Sound();
sound1.attachSound("click6.wav");
sound2.attachSound("full.mp3");
var si = setInterval(xx, 1500);
var si2 = setInterval(function ()
{
    time_txt.text = time_txt.text - 1;
    if (time_txt.text == 0)
    {
        clearInterval(si);
        clearInterval(si2);
        Key.removeListener(_root);
        isS();
    } // end if
}, 1000);
Key.addListener(_root);
_root.onKeyDown = function ()
{
    var _loc2;
```

```
        if (Key.isDown(97))
        {
            _loc2 = 1;
        }
        else if (Key.isDown(98))
        {
            _loc2 = 2;
        }
        else if (Key.isDown(99))
        {
            _loc2 = 3;
        }
        else if (Key.isDown(100))
        {
            _loc2 = 4;
        }
        else if (Key.isDown(101))
        {
            _loc2 = 5;
        }
        else if (Key.isDown(102))
        {
            _loc2 = 6;
        }
        else if (Key.isDown(103))
        {
            _loc2 = 7;
        }
        else if (Key.isDown(104))
        {
            _loc2 = 8;
        }
        else if (Key.isDown(105))
        {
            _loc2 = 9;
        } // end else if
        chui_mc._x = _root["hk" + _loc2 + "_mc"]._x - 200;
        chui_mc._y = _root["hk" + _loc2 + "_mc"]._y;
        chui_mc.play();
        if (ary[_loc2] == 1)
        {
            _root["hk" + _loc2 + "_mc"]._visible = false;
            sent_txt.text = 10 + parseInt(sent_txt.text);
            _root.sound1.start();
        }
        else if (ary[_loc2] == 2)
        {
            _root["ey" + _loc2 + "_mc"]._visible = false;
            sent_txt.text = 5 + parseInt(sent_txt.text);
            _root.sound1.start();
        }
        else
        {
            _root.sound2.start();
        } // end else if
        ary[_loc2] = 0;
        isS();
    };
```

6 第3帧和第5帧画面较为相似，画面如图71所示。这两帧的脚本如下：
stop ();
sound.start();

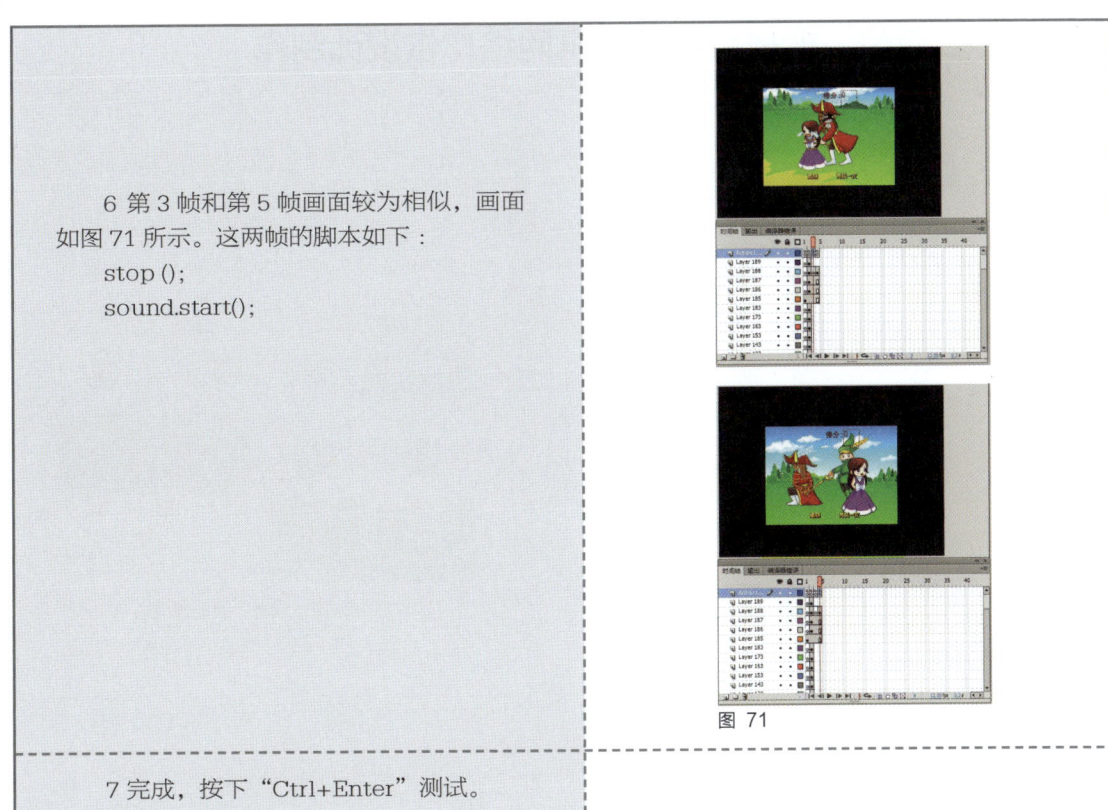

图 71

7 完成，按下"Ctrl+Enter"测试。

> **总结**：
> 这个实例主要使用的 ActionScript 技术有：
> a "Key.isDown"（键码）。
> b "if(){}else if(){}" 的条件句式。
> c "array = new Array( );" 字符串。

课后习题

1 灵活运用按键交互技术，自选一个品牌重新设计一个游戏的交互式广告。

2 尺寸不限。

3 要求界面清晰，创意新颖，用户体验好，交互功能简单易用。

107

课题三　麦克风、摄像头、打印机网络广告设计制作

实训1：麦克风——吹气小黄人

广告文案
　　吹一吹！这是一款为卡通角色"小黄人"设计的吹气交互广告游戏，用户通过麦克风吹气来控制小黄人的形态。
学习重点
　　通过实训掌握麦克风交互式广告设计形式与制作方法。
源文件位置
　　实例源文件 / 5 / 3 / 实例 1

图 72 本实例由学生卓佩伟、霍丽瞳提供

制作步骤

1 新建并设置文档属性，如图 73 所示。

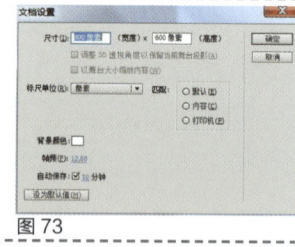

图 73

2 按"Ctrl+F8"创建新的影片剪辑元件"小黄人"，总时间长度为 42 帧，分两个图层，图层 2 在开始帧和结束帧分别写上"stop();"，图层 1 从开始到 26 帧为"小黄人"角色被吹气鼓起到爆破的全过程帧动画，用绘制工具逐帧进行绘制，并分别在第 3、7、13、19 和 23 帧对应写上帧标签名"1st""2nd""3rd""4th"和"5th"，如图 74 所示。

图 74

3 第 27 帧开始为爆破后的结束动画，一群"小黄人"穿着降落伞从天而降的影片剪辑元件"降落"，如图 75 所示，具体内容查看源文件。

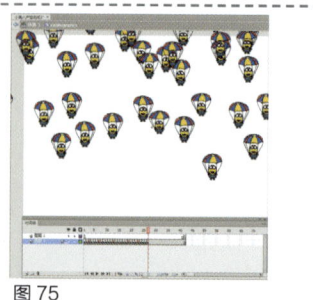

图 75

4 回到主场景时间轴，创建图层"as"和"小黄人"，将影片剪辑元件事先做好的"小黄人"元件拖到"小黄人"图层中，并设置其实例名为"mc"，如图76所示。

图76

5 现在给图层"as"第1帧上写上如下脚本，实现用麦克风控制影片的播放。

```
stop();
onEnterFrame = function()
{
    m = Microphone.get();
    _root.attachAudio(m);

m.setUseEchoSuppression(true);
    yinliang = m.activityLevel + 50;
    if (yinliang >= 150)
    {
        mc.play();
    }
    else if (mc._currentframe < 23)
    {
        {
            delete mc.onEnterFrame;
        };
        mc.prevFrame();
    }
    else
    {
        mc.stop();
    }
};
```

6 完成，按下"Ctrl+Enter"测试。如图77选中"允许"即可看到声控小黄人变形的动画过程。

图77

实训2：摄像头——朋克发型设计网络广告

广告文案
　　来为自己设计发型吧！
学习重点
　　通过实训掌握摄像头广告设计形式与制作方法。
源文件位置
　　实例源文件 / 5 / 3 / 实例 2

图 78

制作步骤

制作场景

1　首先要建立一个自己需要的尺寸的 Flv，打开 Flash CS6 新建 ActionScript 2.0 文件，如图 79 所示。

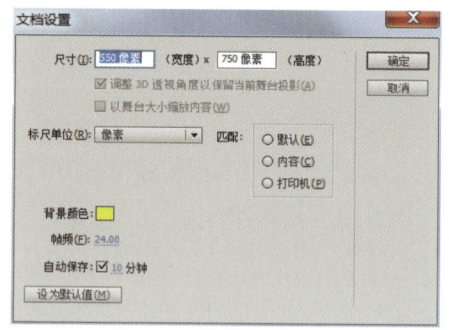

图 79

2　制作换发型的设计场景，新建"发型"影片剪辑元件，在该元件帧上导入透明背景的发型 GIF 素材，并制作透明按钮，如图 80 所示。此制作技术前面例子中详细介绍过，这里不再重复，可查阅 92 页"实例 4：鼠标上下帧——给间换新装"。

图 80

创建视频元件

3 打开库面板,在右上角的图表点击展开菜单选择"创建视频",在弹出的对话框中输入元件名"视频1",类型中勾选第二项"视频(受ActionScript控制)",如图81所示。

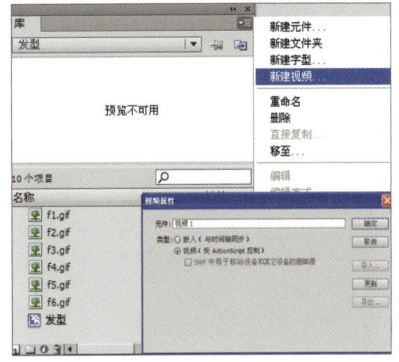

图 81

添加 ActionScript 2.0 代码

4 将之前制作的"发型"影片剪辑元件和"视频1"视频元件分别置入主场景的"图层2"和"图层1",如图所示调整图层的前后顺序,并在属性中修改"视频1"视频元件的大小以保证视频范围不要超出脸部,具体参数请见源文件。

5 在"图层2"上放在添加一个新的"图层3",如图82所示双击该图层时间轴的第1帧上写上代码:

cam= Camera.get(); // 注释:抓取当前默认的摄像头图像

mycam.setMode(111,152,24,true); /* 注释:将摄像头的捕

获模式设置为合适大小,每秒15帧 */

mycam.attachVideo(cam); // 注释:把图像传给视频实例播放

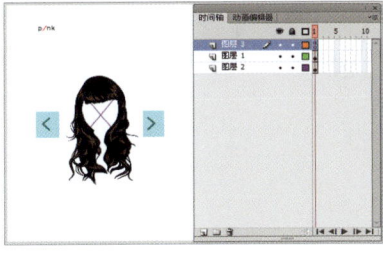

图 82

6 完成,按下"Ctrl+Enter"测试。

实训3：打印机——卡通填色打印输出

广告文案
　　快来填色打印吧！
学习重点
　　本实例是为一系列教育软件设计一款填色的交互小游戏，并且觉得满意后可以选择打印机输出。
源文件位置
　　实例源文件 / 5 / 3 / 实例3

图83　本实例由广州市月天动漫有限公司提供

制作步骤

　　1 实例所有步骤因为版面原因不能一一展开，且有些内容是前面实例的再用，这里着重讲解打印机的动作脚本如何书写，设计好所有画面及按钮后，我们得到的画面如图84所示。

图84

　　2 选择右下角的繁体"打印机"按钮右键选择动作编写如下脚本，如图85所示。

```
on (release)
{
    var my_pj = new PrintJob();
    var myResult = my_pj.start();
    if(myResult)
    {
        my_pj.addPage(tocolor);
        my_pj.send();
    }
    else
    {
        trace (" 没有进行打印或打印失败 ");
    } // end else if
```

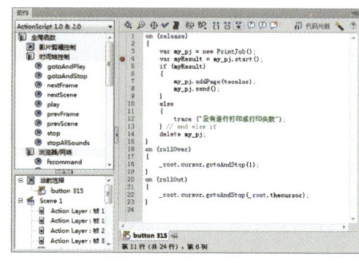

图85

```
delete my_pj;
}
on (rollOver)
{
_root.cursor.gotoAndStop(1);
}
on (rollOut)
{
    _root.cursor.gotoAndStop(_root.thecursor);
}
```

3 完成，按下"Ctrl+Enter"测试。点击打印按钮就会自动关联电脑的打印机程序，如图86所示。

图86

课题四　虚拟现实网络广告设计与制作

实训1: 全景图交互

广告文案
　　本实例是为雀巢咖啡设计的从望远镜观看一个全景动画的虚拟现实机交互游戏。
学习重点
　　随鼠标移动的全景图交互制作。
源文件位置
　　实例源文件 / 5 / 4 / 实例1

图 87 本实例由学生陈丽君提供

制作步骤

1 新建文档，如图 88 所示。

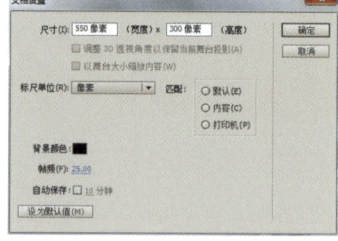

图 88

2 新建影片剪辑元件实例名"mc"，把绘制好的场景动画、人物动画导入实例中，如图 89 所示。

图 89

3 在主场景将"mc"拖至图层，如图 90 所示。

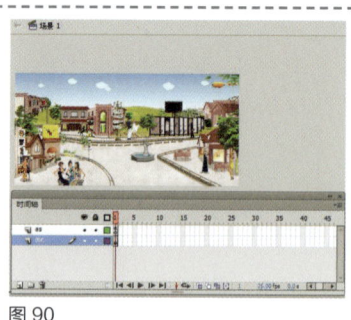

图 90

4 然后在该图层上再新建一个遮罩图层，如图 91 所示，绘制望远镜窗口。

图 91

5 设置如下动作脚本于场景第 1 帧：
```
mc.onEnterFrame = function()
{
    //mc_mc 是图片影片的实例名，275、200 分别为舞台长、宽的一半
    this._x -= (_xmouse - 275) / 20;
    this._y -= (_ymouse - 200) / 40;

    // 这个是用来限制 x 轴方向图片不要跑出界，
    if (this._x <= 936)
    {
        this._x =936 ;
    }
    else if (this._x >=1879)
    {
        this._x =1879;
    }
    // 这个是用来限制 y 轴方向图片不要跑出界，
    if (this._y <= 118)
    {
        this._y = 118;
    }
    else if (this._y >= 573)
    {
        this._y =573;
    }
};
```

6 完成，按下"Ctrl+Enter"测试。

> **总结**：
> 　　运用全景图虚拟现实的交互不是真正意义上的三维，通常被称为假三维或者 2.5 维，在交互式广告中运用很常见，制作相对简单，效果也很有真实感。

实训2：三维动画交互

广告文案
　　LG冰箱虚拟现实三维交互网络广告。
学习重点
　　三维序列帧图像导入影片剪辑元件，prevFrame();nextFrame;
if(){}else();
源文件位置
　　实例源文件 / 5 / 4 / 实例 2

图 92 本实例由周惠提供

制作步骤

1 新建并设置文档属性，如图 93 所示。

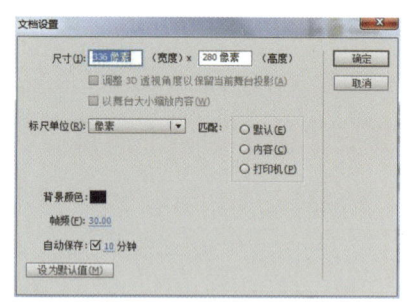

图 93

2 在主场景上结合素材制作这个单页广告的整个版式，注意位图文件要转化为影片剪辑元件以压缩文件体积，360VR 外面的圆圈状图形是一个绕箭头方向旋转动画效果的影片剪辑元件，文字内容中"详情请点击进入 LG 网上购商城"是个链接按钮，点击跳转至目标网站，冰箱产品影片剪辑元件里是实例的重要部分，下一步将具体介绍制作方法，这一步得到如图 94 所示的效果。

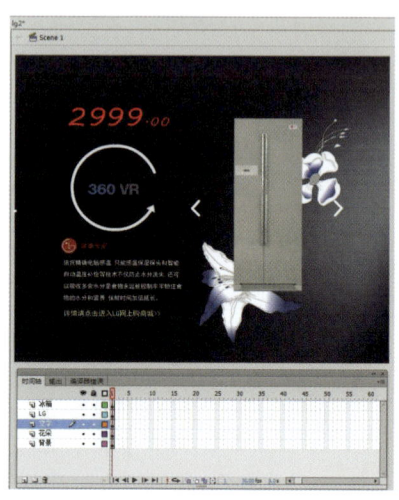

图 94

3 接着，我们将冰箱图层包括旁边的左右箭头都选中，右键转化为影片剪辑元件，命名"lg"，双击进入该元件，这里我们需要将已经在三维软件中渲染好的冰箱各个角度的序列帧图片，通过选择菜单"文件>导入>导入到舞台"，选择素材图片如图 95 所示。

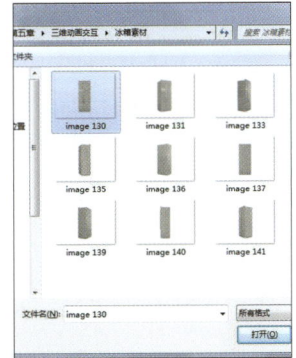

图 95

4 接下来由于命名的关系，软件会弹出对话框提示，是否作为序列帧导入图片，选择"是"，如图 96 所示。

图 96

5 那么这些图片就会分别按顺序出现在所选图层的时间轴上，每帧一张图片，如图 97 所示。

图 97

6 现在设置具体的 ActionScript 控制冰箱的旋转。本实例中，要求一开始不要自动旋转，所以第一帧要写上"stop();"，这是前面我们多次用到的动作脚本。然后通过按下左右两个箭头来控制冰箱旋转，这里一共导入了 12 帧不同角度的冰箱图片，我们要使它旋转，就要控制该时间轴的上一帧或者下一帧，这就要用到"prevFrame();nextFrame;"。

117

7 但是，仅仅这样还不够，细心的同学会注意到，如果向左已经到第 1 帧或者向右已经到了最后一帧怎么办？如何实现一直不间断的循环旋转效果？答案是" if(){}else();"。

现在来看一下左边按钮的写法：
```
on (release) {
    if (this._currentframe == 1) {
            gotoAndStop(this._totalframes);
        } else {
            this.prevFrame();
        }
}
// 注解：如果向左到了第 1 帧，那么自动转跳到最后一帧，否则继续向上一帧。
```

同理，我们来看下右边按钮的写法：
```
on (release) {
    if (this._currentframe == this._totalframes)
    {
            gotoAndStop(1);
    }
    else
    {
            this.nextFrame();
    }
}
```

8 完成，按下"Ctrl+Enter"测试。

总结：

　　这个实例需要运用三维软件渲染出序列帧的 360°图片并导入到 Flash 的影片剪辑元件中，并运用 prevFrame();nextFrame;，结合前面所学的 if(){}else();条件句实现三维旋转效果。

实训3：影像交互

广告文案
　　"脉动回来！"影像交互网络广告。

学习重点
　　本实例运用视频编辑软件、图像处理软件，结合必要的 ActionScript 制作虚拟影像交互。

源文件位置
　　实例源文件 /5/4/ 实例 3

图 98 本实例由学生关亦秦提供

制作步骤

1 导入视频素材
　　启动 Adobe After Effect，在菜单里面选择"文件 > 导入文件"命令，选择 AVI 式的视频素材，把视频导入到 After Effect 当中，如图 99 所示。

图 99

2 把 AVI. 格式的视频以 PNG 格式导出，使用菜单"合成 / 添加到渲染队列"命令，点击"输出模块"旁边的"无损"，在弹出"输出模块设置"的对话框里找"主要选项"，在"格式"里选择"PNG. 序列"后，点击"确定"，如图 100 所示。

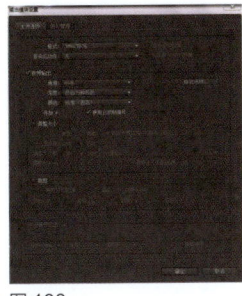

图 100

3 把 PNG 图片导入 Photoshop，再把人物素材编辑出来。打开 Photoshop 软件，把导出的 PNG 文件导入 Photoshop 里，利用蒙版把图片里面的背景去掉，剩下人物，把人物放在透明图层上，保存为 PNG 格式。把所有导出的 PNG 图片按一样的方法制作，如图 101、102 所示。

图 101

图 102

4 把勾出人物的 PNG，图片导入 Flash 中。打开 Flash 软件，在菜单中选择"文件 > 导入 > 导入到舞台（Ctrl+R）"，在对话框里选择第一张人物 PNG 图片（如图 103），此后弹出另一个对话框（如图 104）点击"是"。最终导入效果如图 105 所示，PNG 图片已经按顺序插入到每一帧中。

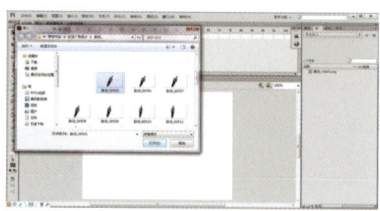

图 103

图 104

图 105

5 新建"影视剪辑"元件命名为"走动"，把人物的一套动作在影视元件制作完整，把前面的 16 帧复制后利用翻转帧把人物做成来回走动的样子，由图 105 变成图 106 和图 107，在元件里面加点背景和动态字体，增强完整度如图 107。

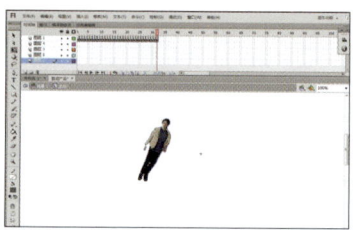

图 106

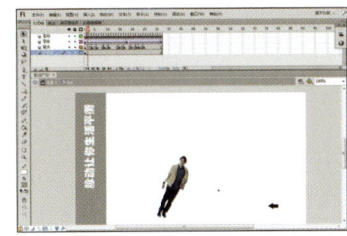

图 107

6 停止帧

回到场景 1，我们新建图层命名为"stop"，在第 1 帧按"F9"弹出"动作"对话框，在对话框里面写程序，如图 108 所示。

图 108

7 按钮和饮品动作

在场景 1 新建一个按钮元件，命名为"按钮"，目的是点击此按钮后，人物运动如图 109 所示，动作元件里的帧如图 110 所示，在舞台插入 PNG 格式的脉动，做出从上往下掉下来的动作，如图 111 所示。

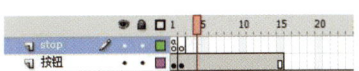

图 109

图 110

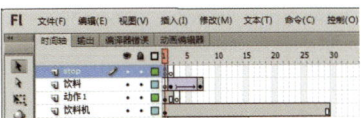

图 111

8 活动背景

分别新建 4 个图层，把一张图片拆分成 4 个图层，每个图层里前两帧是活动的，如图 112 所示，再新建 4 个图层，把前面的 4 个图层的效果翻转，如图 113 所示。

图 112

9 完成，按下"Ctrl+Enter"测试。

图 113

总结：

　　从 Flash MX 版本开始，就已经可以向 Flash 中插入视频了。而到了 Flash 8.0 又增加了对包含 Alpha 通道视频文件的支持，从而让使用透明背景的视频影像成为可能。但是要想让作品包含 Alpha 通道的视频，还需要像 Adobe Premiere 或者 After Effect 这样的视频编辑的支持。下面我们就来看一下，如何在 Premiere 的帮助下，让现实中的人物在 Flash 的场景中"表演"吧！

　　Alpha 通道，可以简单地理解为使视频的某一部分画面呈现透明或半透明的技术。不过如同 GIF 文件支持透明背景，而 JPEG 文件不支持一样，并不是所有视频文件都支持 Alpha 通道。目前常用的支持 Alpha 通道的视频格式主要有 AVI 和 MOV，而制作包含 Alpha 通道的 AVI 文件，往往需要特定的视频硬件板卡的支持。因此在实际运用当中，QuicktimeMovie(MOV) 文件格式使用得更多。基于这一特点，我们就可以利用 Adobe Premiere 将视频影像中不需要的背景抠除，制作成含 Alpha 通道的 MOV 文件，再将其导入到 Flash 当中。

课后习题

　　1 全景图、三维、影像交互任选一种或几种结合，做成 Lee 牛仔裤产品展示的交互式网络广告。

　　2 尺寸不限。

　　3 要求界面清晰，用户体验好，交互功能简单易用，虚拟效果真实。

第四节　课后练习及作业评析

注：以下作业动态源文件位置：实例源文件 / 作业一 /

图 114 利俊峰《Lee》牛仔裤三维影像交互广告

> **教师点评**：三维动画交互展示效果用在 Lee 牛仔裤很恰当，且可以给模特换衣服，并 360° 旋转，细节做得很精致，该作品值得学习。

图 115 张淼栋《开灯关灯》鼠标互动交互广告

> **教师点评**：如图 115 所示的作业是鼠标交互式广告，选择公益广告题材，用鼠标控制灯泡的亮度，来表达碳排放量之间的关联，直观地体现了"节能"的广告目的。

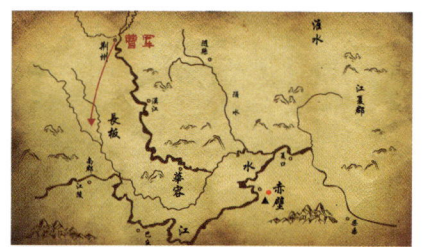

图 116 冯小玲 车活《悟空威客》网络广告

教师点评：

如图 117 所示的作业巧用《草船借箭》的典故，与"找创意，来悟空"自然地结合在一起。

如图 118 所示的作业是一则利用麦克风控制的交互游戏，随着麦克风音量变大，水母越来越多，动画和声音的配合很完美。

如图 119 所示的作业是运用了鼠标交互和鼠标跟随技术。剪刀剪过的位置正好是老虎的脖子，通过视觉图形给人以联想和告诫，创意很棒。

如图 210 所示的作业是利用鼠标上下帧和条件句式设计的一款换衣服的小游戏，卡通形象很吸引人。

如图 121 所示的作业是通过鼠标点击交互实现的涂指甲油的网络广告，可以点击切换颜色，很生动。

图 119 车活 冯小玲《Just Us》广告

图 117 苏嘉丽、王文玉《聆听》声音交互广告

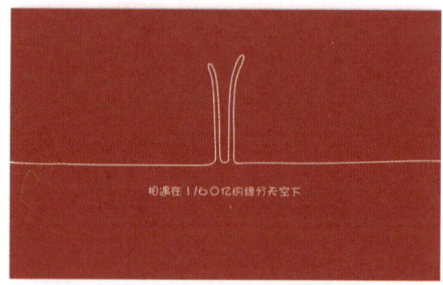

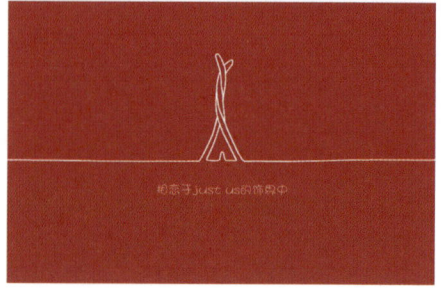

图 120 袁淑妍《多彩指甲油》交互广告

图 118 霍丽瞳鼠标滑动公益交互广告

CHAPTER 6 广告条目标网页及网站设计

第六章

第一节 广告条目标网页设计

一 目标网页的相关知识

1 什么是目标网页

用户在浏览网页信息的同时,会接触到无数的网页及网页上面出现的广告条,这些广告条往往是为了"抛砖引玉",其背后是一个具有详细广告信息的网页,这个通过用户点击广告条链接跳转过去的就是目标网页,几乎所有的广告条都包含这样的超级链接功能。

图1

2 目标网页的目的

目标网页的使用是一种很普遍的商业行为,页面内容通常是一些企业或者商家近期举办活动的详细介绍,目标网页是对企业官网的补充。主动浏览官网一般是对该企业有一定了解的较固定的客户,而企业要拓展新的客户,仅仅依靠官网是远远不够的,为了提高企业的知名度并积极宣传企业举办的各种活动,通常会在门户网站投放广告条以吸引用户注意。但广告条本身的幅面有限,不能够对广告信息展开详细的介绍,这时只有通过点击广告条进入目标页面才能浏览详细信息。如果感兴趣还可以进一步点击企业官网进行浏览。换句话说,广告条目标网页的制作目的是为了更全面地向用户介绍广告信息,吸引更多的用户参与活动,得到更多的用户信息。

图2

3 目标网页的特点

广告条目标网页的主要目的是通过在线广告活动的宣传来扩大企业的影响力,并从中获取更多的潜在用户资料,因此目标网页不同于其他普通的网页。普通网站内容和形式相对较固定,一般除了新闻和文章内容经常更新外,其他内容几乎常年不变,而广告条目标网页通常放置临时性的内容,有着很强的时效性,并有着自身的特点,如下:

① 只在内容需要的时期内保留,之后删除或者更换

目标网页一般在广告主需要在线进行一些广告活动的时候推出,有时官网首页一起弹出,有时通过一些目标受众常去的网站投放广告条,吸引点击链接到目标网页,伴随着临时短暂的广告活动需求而产生,之后随着广告活动的结束而消失,不像普通网页那样长期出现在固定的域名空间。

② 素材往往采用热点时事或流行话题

正因为目标网页短暂的时效性这一特点,在题材的选择上往往倾向于当前发生的热点新闻、流行电影、当

二 目标网页的设计整体要求

1 用图片打动用户

目标网页设计不同于简单的文字新闻或者告示,是要宣传广告主的某个活动,目的是销售,因此仅用文字来把内容叙述清楚是远远不够的。顾客就是上帝,一定要打动他们,图片是最直接的阅读方式。选择适合的主题图片作为中介不仅能让用户读懂,更能制造轻松的阅读环境,甚至能打动用户,唤起用户的消费欲望,图片在传达情感化的设计中已成为必不可少的方式。

2 标题简洁明了

一幅有感染力的图再配上简洁明了的标题,用户就能大致掌握传递的信息了。标题一般由主标题和副标题构成。主标题或称广告语,通常字数很少,在字体设计上要求大而突显,根据广告主题进行个性化的主题字体组合设计,很少采用常规的字体;而副标题字数相对主标题较长,字号的选择要小于主标题,设计上与主标题有对比,但形式上要与主标题相融合,如图3为 Adidas 的活动介绍,醒目的"怎么玩"作为视觉的重点,让用户一目了然。

图3

3 设置好适当的字体、行间距、字间距

正文部分是详细的文字内容,通常字数较多,成段落化的特点。首先确定整个页面的页边距,让正文内容在一定的区域而不要顶到边缘,根据内容的重要层次运用不同的字体、字号来区别。为了浏览器的兼容性要求中文字不要采用特殊字体,而改用常规的宋体黑体;行间距和字间距要适度,看起来既不能稀疏也不能拥挤,做到恰到好处。在网页技术上可采用层叠样式表 CSS(Cascading Style Sheets)来达到更精致的文字编排效果,它是一种用来表现 HTML(标准通用标记语言的一个应用)或 Xml(标准通用标记语言的一个子集)等文件样式的计算机语言,不仅可以用于 Html,同样适用于 SWF格式的网页,CSS目前最新版本为 CSS3,是能够真正做到网页表现与内容分离的一种设计语言。相对于传统 Html而言,CSS能够对网页中对象的位置排版进行像素级的精确控制,支持几乎所有的字体字号样式,拥有对网页对象和模型样式编辑的能力,并能够进行初步交互设计,是目前基于文本展示最优秀的设计语言。CSS能够根据不同使用者的理解能力,简化或者优化写法,针对各类人群,有较强的易读性,如图 4为没有经过 CSS修饰过的表单页面,图 5和图 6是经过不同 CSS修饰的表单页面,看起来美观清晰,风格新颖。

红明星等,追求在有效的时间内获取最大的关注度,以达到市场营销的目的。

③ 简洁明晰的视觉表现手法

只有优秀创意在广告条设计中得到充分的展现,才能吸引用户点击并进一步查询相关内容,这个阶段用户的需求是简单明了地浏览到自己想要获取的信息内容,比如广告活动的具体事项、时间、地点、如何参与等,目标十分明确。那些复杂高深的创意手法在目标网页的设计中显得多余,简洁明晰的设计手法才是必须的。

④ 与企业形象相统一

在目标网页的设计中,注意要承"前"启"后","前"指的是广告条,"后"指的是企业的官网,作为两者的纽带,目标网页的设计风格上要与之协调统一,例如色彩、字体基本版式风格等仍是企业视觉识别形象的应用部分之一,如图 1和图 2联合利华的 Banner广告与目标网页,无论是形式还是内容都前后呼应。

三 目标网页的版式设计

1 目标网页的主要信息内容
① 主标题部分
② 副标题及日程安排等信息
③ 活动的详细介绍部分

2 目标网页的的版式设计
① 强调活动内容详细介绍的版式 (图 7)
② 主标题、副标题、活动内容同等重要的版式 (图 8)
③ 既强调副标题又强调活动内容的版式 (图 9)

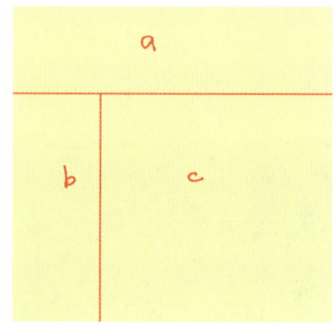

图 7

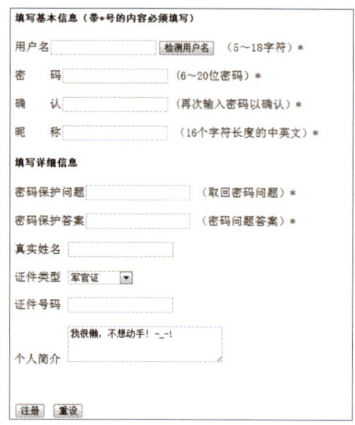

图 4

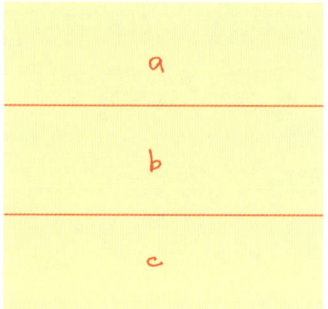

图 8

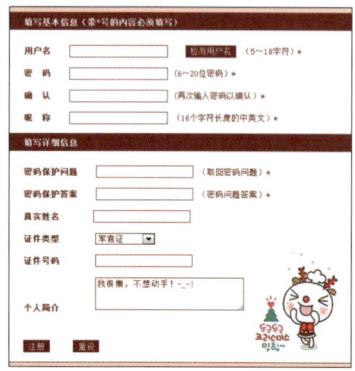

图 5

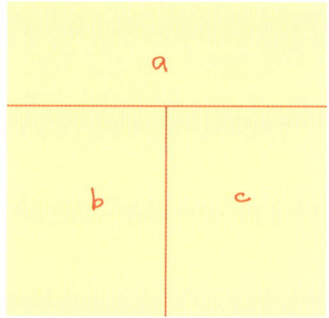

图 9

图 6

四 目标网页设计制作实例

广告内容

猫扑网"晒家乡"新照有奖摄影活动

主标题：
晒家乡新照 赢现金奖券

副标题：
过年回家拍照了吗？家乡变化大吗？是不是变美了呢？
每个人心目中的家乡都应该是最美的！
独乐乐不如众乐乐，晒出你家乡的最新照片，赢趴趴大奖。

活动内容：
1 参与方式：晒你拍到的家乡最新照片，注明拍摄时间和地点。附上对家乡变化的感受，吐槽或点赞任君选择！若有家乡旧照片对比更佳！！
2 活动奖励：
第一名 趴趴 +100 元美丽湾购物券
第二名 移动电源 +50 元美丽湾购物券
第三名 猫扑台历 +30 元美丽湾购物券
优秀奖 奖励 20 元美丽湾购物券
抢楼奖 凡抢到 8L、88L、888L……奖励 888888MP。凡抢到 100L、200L……1000L，奖励 10 元美丽湾购物券
注：
（1）恶意灌水、软件刷楼和三连回复等情况，将可能取消该 ID 获奖资格。
（2）抢楼奖同一 ID、IP，只能获奖一次。
（3）美丽湾购物券可叠加使用！
3 活动评委：五花全体版主、闷骚的橘皮、罂粟的苹果
4 活动时间：2014 年 2 月 28 日至 3 月 8 日
5 主办方：mop.com 美丽湾

设计构想

宣传内容：猫扑与美丽湾网站联手推出的有奖摄影评选活动
对象：对摄影感兴趣的猫扑与美丽湾网站现有用户及潜在用户
主题风格：以怀旧的风格烘托"家乡旧"主题，用情感的方式增加亲和力，提升网站形象。
背景：木纹、发黄的纸张
标题：醒目、现代感强以体现"家乡新"的主题
色彩：黄褐色调
尺寸：400px×500px

Photoshop 草图   目标网页最终效果

图 10   图 11

第二节 网站类网络广告设计制作

【实训目的】

通过实训掌握网站类交互式广告结构形式与制作方法。

【理论知识】

网站类网络广告(以下简称网站)是内容更为详细、信息容量更大和存放时间更长的网络广告形式,是大多数企业主用来长期宣传自身的平台;而对于自身就是经营的网站,如电子商务网站、虚拟社区、游戏网站等,网站就是其产品本身。前者以前台设计效果为重,后者则偏向功能性,因此对交互程序要求更高,本书中的实例是指前者。

以前台设计效果为重的网站注重创意和视觉表现,从制作技术上主要可分为两类:一类是以图片编排为主的Html网页构成的静态页面,配合JavaScript动态效果及PHP或者ASP动态脚本结合数据库实现;另一类是全Flash网站,通常为SWF+PHP+Mysql技术结构,此类型的网站具有动画效果的界面设计优势,非常适合中小型企业网站。本章所示实例为全Flash网站类网络广告的设计制作。

一 全Flash网站规划

全Flash网站在制作之前要进行合理、全面的规划,这个步骤直接影响到成功与否。这个规划主要包含三个层面:结构、设计和内容。下面就分别从这三个方面谈谈全Flash网站是如何进行规划的。

1 Flash网站的结构规划

①Flash网站的结构

Flash网站的结构和流程与Html基本相似,但略有不同。相同的是都要有如Logo、导航、内容等基本元素;不同点是可以通过一定的技术手段使Flash的结构变化万千,比如在表面上看到的Flash页面上可能只有一个Logo,也可能只有一个图形导航而已,但实际上通过鼠标的mouseRollOver和mouseRollOut交互,这些元素会呈现出变化。

那么下面来看一下Flash网站的标准流程图。

Loading 预载 >> Flash intro片头(可省略) >>Flash主界面 >>Flash导航 >>子导航 >>内容

为了达到Flash网站的最佳浏览效果,通常在载入Flash内容时都需要有一个预载,尽管你可能知道SWF文件本身就可以流式播放(边下载边播放),但对于当前国内宽带状况而言,预载还是很有必要的。

可以发现整个Flash的过程均在一个Html页面中,这种方式相对来说比较简洁,也是被广泛采用的一种结构形式。

某些网站最初是一个Splash(快闪)页面。Splash页面一般情况下是静态的,也有人称它为引导页。这个页面一般的原则是简洁,它的作用就是当用户打开页面时,传达给用户一些基本信息,比如这个网站的主题是什么,网站的Logo、公司的名称或者联系方式等。而且,由于是静态的,便于如Google这样的搜索引擎的检索。当用户关闭后面出现的主界面后,会再次看到这个Splash页面,从而加深浏览者对网站Logo及联系方式的映象。通过点击入口,会弹出一个窗口进入主界面。网站在弹出的窗口中显示主界面。

在弹出窗口的应用技术中,一般采用的是调用JavaScript函数的方式,弹出的是指定大小的IE窗口。你的Flash大小不会受到IE浏览者的限制,你也不必担心浏览器是否会出现滚动条之类的问题,它会按照你指定的大小出现。

它的另一个特点是,使网站在背景的衬托下,内容更集中、突出体现,其他的内容展示都将会在这个窗口内完成。这种格式适用于那些不适于缩放的。看起来非常有质感而且精致的网站类型,如上面所举的例子。但并不是所有的客户都喜欢使用这种形式,有的客户可能会喜欢全屏,或是随着IE窗口的编号主页面依次缩放等,我们会在后面的技术中进行讲解。以我个人观点而言,如果某个网站适合这种形式去表现,那么就继续走下去,相信你自己的感觉,并想办法去说服客户,并给客户列出你所熟知的优点,客户大多数情况下是会接受的。

②Flash的层次结构

Flash的层次结构是层次_level这个概念,Flash允许同时运行多个SWF文件,Flash一旦载入一个SWF文件,则占据了一个"层次",系统默认的是"_Flash0或_Level0",之后的Movie则按顺序放在"level0-level16000"里。如图12所示,第一个载入的SWF文件为"_level0",第二个如果加载到第一层时的称为"_level1",依此类推。注意前提是前面载入的文件没有退出,否则冲掉第一个SWF文件,第一个文件也从内存中退出。需要注意的是,如果你将外部的Movie加载到"_leve0"层或者"_level0"里,那么,原始的Movie就会被暂时取代,要再用时还得重新加载一次,也就是说,一个Level在一个时间段里只能有一个Movie存在。在使用LoadMovie和UnLoadMovie时必须特别注意Level之间的关系,否则,当你希望在一个时间里只播放一个Movie而卸载掉前一个Movie时,就会出现不必要的麻烦。

Flash片头与Flash主界面放在同一层级"_level0",通常Flash片头的最后一帧写上载入Flash主界面"_level0",主界面上的层级如"_level1"放置Flash导航、子导航,内容部分通常分别制作SWF文件从外部导入,导入主场景中显然是不需要覆盖住主场景和导航菜单的,因此需要放置到更高的层级,根据内容的多少从"_level2"至"_leveln"递增。

2 Flash 网站的设计规划

这里我们所说的设计规划,实际上就是指如何使创意、设计与交互达到风格上的统一。但凡是优秀的站点,在浏览的过程中都会使人感觉有一条主线贯穿其中,比如整个网站的主体元素是一个圆形,那么可以在各个角落里看到圆的变化形式,如导航、内容等,这种变化贯穿在整个网站中。

如果你正在策划一个Flash网站并负责创意设计,那么需要注意一点,在网站没有正式出来之前,在你的脑海中这个网站应是已经成型的,你可以将思路及大致的样子画在纸上,然后再进行细节的创作。

除了整体思路之外,为配合创意设计,在表现创意时需要考虑如下几个因素:

① Loading(形式与整体风格是统一的)。
② Flash界面的主体。
③ 交互过渡形式。
④ 局部内容表现。

适用统一的交互变化,统一的图形符号,统一的过场等,都不失为好主意。除了正面的标准的设计规划外,你也可以让网站在形式上更富有个性,但它仍遵守上面的规划原则,有复杂的一面,也有统一的一面。

3 Flash 网站的内容规划

Flash网站内容的规划需要涉及一些Flash之外的知识。内容规划就是指需要用什么样的形式布置内容,所载入内容的格式是否需要与数据库通信等。

① 内容规划形式

Flash网站内容的规划,指的是网站文件和文件夹的合理安排,如图13所示,根据常见的内容格式一般有如下几种形式:

SWF文件:将外部内容生成小的SWF文件。它的优点是适用的ActionScript可能更小一些,易于控制;缺点是不易于更新,每次更新的时候需要重新打开源文

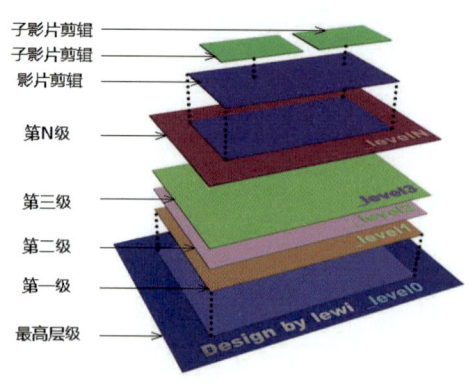

图 12

件修改里面的内容。通常使用的方法是使用"MovieClip.loadMovie()"来载入SWF文件。

TXT文件:网站的多数文本内容都可以以外部TXT文本文件形式载入。它的优点是易于更新,只需要修改后台的TXT文本就可以;缺点是加入图像或是调节图像位置大小相对来说比较复杂。通常使用的方法是使用LoadVar来载入动态文本。

XML文件:将网站的内容以XML格式载入是个不错的选择。它的优点是可以方便更新,能够很顺畅地与其他数据库通讯。你甚至可以将整个网站全部使用XML的方式规划成动态站点,这是当前最普遍的动态技术,如常见的新闻、留言板、图片库等。通常的方法是会使用XML类来载入XML文件。

MP3文件:如果是Flash网站,那么在多数情况下是使用到MP3格式文件的。尽管它可内置在Flash中,但还是建议使用外部载入的形式。载入外部MP3的形式可以分为两种,一种是下载播放,一种是流式播放,对于较大的MP3,建议使用流式播放的形式。加载MP3的一般方法是用手sound()内置类。

FLV文件:当Flash网站上需要用到视频时,那么首选就是FLV视频了。如果只使用视频的一小段,当然可以使用导入的形式,否则都要使用外部载入的形式。FLV视频的优点是可以与Flash无缝结合,可以实现RM等流式播放的方式。目前流行的网站视频60%以上是FLV格式的,那么你可能还需要了解如何借助第三方软件将其他视频格式转换为FLV视频。

通过对上面外部文件内容的分析,我们可以分析出,其中最佳的方式是使用TXT文本和XML文件。两者可以方便有效地与数据库结合,特别是XML文件,只需

图 13

在后台发布时导出所规定的 XML格式文件，网站中使用到此 XML文件的位置就会自动更新。

在进行网站内容规划时可以记住一个原则，那就是能外部载入的就使用外部载入的方式，以尽可能减少文件量，同时也为日后的维护带来方便。

② 内容规划过程

内容规划的过程如下：

a 内容规划一般是从设计稿完成的时候开始的，如果设计稿不是由你来完成的，而你只要帮助设计师完成这个 Flash网站，那么你需要充分地与设计师沟通，了解他的想法及表现手法，这个过程很重要，沟通的结果应是你已经能在脑海中形成整个网站的构图。

b 将你所了解的内容进行分类。如果只要文本形式而不需要数据库连接时，你可以使用 TXT文本来实现内容的展示；如果需要与后台的数据库相结合，你可以使用 XML文件的形式来展示；如果有大量的图片展示时，可以结合 XML来展示。

c 当有大量文本信息需要展示时，最好的方式是用 Html页面，设想哪些是需要弹出的 Html窗口、窗口的大小等内容。

d 确定文本内容所需要用到的字体型号和大小。这里面可能需要涉及层叠样式表嵌入字体的应用。

通常情况下，在所有的内容规划完成后，形成的结果应是能够见到每一个栏目的样图，即你先用 PhotoShop或 Fireworks把效果图设计好，尽可能地做到细致，这种做法一方面能方便客户了解从头至尾的交互过程，加快客户的确认过程；另一方面可以使实施过程更清晰，在实施过程中可以使细节更细。

二 全 Flash 网站类网络广告和单个 Flash 广告条制作的区别

网站类交互式网络广告属于全 Flash网站类网络广告的制作技术，一般制作流程：网站结构规划 > Flash场景规划 > 素材准备 > 分别制作 > 整体整合，和我们在前面学到的鼠标及按键控制的单个的 Flash作品在结构上有着很大的差异。

全 Flash网站类网络广告和单个 Flash广告条制作的区别有如下几点：

1 文件结构不同

单个 Flash广告条的场景、动画过程及内容都在一个文件内，而全 Flash网站的文件由若干个文件构成，并且可以随发展的需要继续扩展。全 Flash网站类网络广告的文件动画分别在各自的对应文件内。通过 Action的导入和跳转控制实现动画效果，由于同时可以加载多个 SWF文件，它们将重叠在一起显示在屏幕上。

2 制作思路不同

单个 Flash广告条的制作一般都在一个独立的文件内，计划好动画效果随时间线的变化或场景的交替变化即可。全 Flash网站类网络广告制作则更需要整体的把握，通过不同文件的切换和控制来实现全 Flash网站类网络广告的动态效果，要求制作者有明确的思路和良好的制作习惯。

3 文件播放流程不同

单个 Flash广告条通常需要将所有的文件做在一个文件夹内，观看时必须等文件基本下载完毕才开始播放。但全 Flash网站类网络广告是通过若干个文件结合在一起，在时间流上更符合 Flash软件产品的特性。文件可以做得比较小，陆续载入其他文件更适合 Internet的传播，这样同时避免了访问者因等待时间过长而放弃浏览。

三 常用制作技术

1 重要 ActionScript 代码

这是全 Flash网站类网络广告实现的关键，关于这部分，有些重要的 ActionScript代码控制需要掌握，这里只介绍部分制作全 Flash网站类网络广告需要使用的比较重要的 ActionScript函数。

① loadMovieNum("url",level[,variables])和 loadMovie("url",level/target[, variables])

功能说明：	在播放原来加载的影片的同时，将SWF或JPEG文件加载进来。
参数说明：	
url	要加载的SWF或JPEG文件的绝对或相对URL，不能包含文件夹或磁盘驱动器说明。
level	把SWF文件以层的形式载入Movie里，若载入0层，则载入的SWF文件将取代当前播放的Movie，2层高于1层。
Target	可用路径拾取器取得并替换目标MC，载入的电影将拥有目标MC的位置、大小和旋转角度等属性。（个人认为用Target好些，在控制载入.swf位置时比较方便）。
variables	可选参数，指定发送变量所使用的HTTP方法（GET/POST），如果没有则省略此参数。

② unloadMovieNum和 unloadMovie[Num] (level/"target")

功能说明：	从Flash Player中删除已加载的影片。
参数说明：	从Flash Player中删除已加载到具体某个层级的影片。

③ loadVariables ("url" ,level/"target" [, variables])

功能说明：	从外部文件中【例如文本文件，或由CGI脚本、Active Server Page (ASP)、PHP或Perl脚本生成的文本】读取数据，并设置Flash Player级别或目标影片剪辑中变量的值。
参数说明：	
url	变量所处位置的绝对或相对URL。
level	指定Flash Player中接收这些变量的级别的整数。
Target	指向接收所加载变量的影片剪辑的目标路径。
variables	可选参数，指定发送变量所使用的HTTP方法（GET/POST），如果没有则省略此参数。

④ gotoAndPlay(scene, frame)

2　Loading 的制作

考虑到网络传输的速度，如果 index.swf 文件比较大，在它被完全导入以前，设计一个 Loading 引导浏览者耐心等待是非常有必要的。同时，设计得好的 Loading，在某些时候还可以对网站起一定的铺垫作用。

一般的做法是先将 Loading 做成一个 MC，再在场景的最后位置设置标签如 end，通过 ifFrameLoaded 来判断是否已经下载完毕，如果已经下载完毕，则通过 gotoAndPlay 控制整个 Flash 的播放。

以一个 Loading 文件为例，在场景里插入 MC，
ifFrameLoaded ("end") {
　　gotoAndPlay("开始播放的地方 ");
}

因后面章节中有关于 Loading 文件的实例制作讲解，这里就不展开叙述，详细方法请查阅"实训 3：进度条"相关内容。

3　文本导入

在我们制作全 Flash 网站的过程中，会经常遇到一定量的文字内容需要体现，文本的内容表现与上面介绍的流程是一样的，不同的地方体现在最后的表现效果和处理手法上。

① 文本图形法

如果文本内容不多，又希望将文本内容做得比较有动态效果，可以采用此法。将需要文本做成若干个 Flash 的元件，在相应的位置安排好。文本图形法的文件载入与上面介绍的处理手法比较类似，原理都差不多。具体动态效果就有待大家自己去考虑，这里就不多介绍。

② 直接导入法

文本导入法可以将独立的 .txt 文本文件，通过 loadVariables 导入 Flash 文件内，修改时只需要修改 txt 文本内容，就可以实现 Flash 相关文件的修改，非常方便。

在文本框属性中设置 Var:变量名（注意这个变量名）。
为文本框所在的帧添加 ActionScript 代码：
loadVariables("变量名.txt", "");
编写一个纯文本文件 .txt(文件名随意），文本开头为"变量名="，"="后面写上正式的文本内容。

课后习题

1 收集不少于 3 个自己喜爱的网站,并说出喜爱的理由。

2 说出单个 Flash 广告和全 Flash 网站的区别。

3 谈谈自己对网站类网络广告设计的看法。

实训1: 网站架构

【实例讲解】

这个例子一共有首页和"welcome""profolio""about""gallary""contact"五个二级子页面。通过前面的 Flash 网站类网络广告制作思路分析,要把主页先做出来,将每个页面都重复的内容如声音、导航按钮、版权、网站标志等内容放在主页文件上,每个页面不一样的内容就分别放置在五个二级子页面上。

源文件:实例源文件 / 6 / 实例 1

图 14

制作步骤

制作首页"index.swf"

1 打开 Flash 新建 ActionScript 文档,如图 15 所示,并保存为"index.swf"。

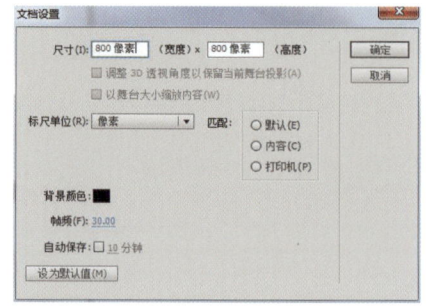

图 15

2 在主场景上把网站的背景、图标、抬头、脚注、版权信息等必要内容分图层合理安排布局,效果如图 16 左幅所示。

为了使页面打开时呈现动画效果,给放置内容的文件夹背景设置关键帧,让其渐隐渐现,如图 16 右幅所示。其中从第 1 帧到第 18 帧为渐现动画,至 18 帧处"stop();"之后则是渐隐的动画了。

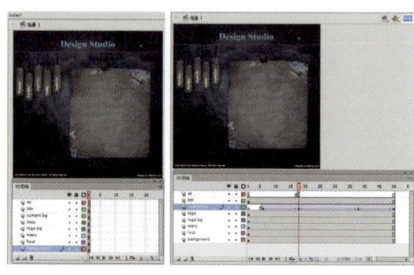

图 16

3 如图 17 所示,把准备好的背景音乐"GloomySunday.mp3"导入库中,打开库右键点击"GloomySunday.mp3"并在弹出菜单中选中"属性"面板,如图 17 所示,勾选"为 ActionScript 导出",此时在标识符中输入"GloomySunday"作为标志符名字,现在在主场景第 1 帧处导入此音乐作为背景音乐并循环,写入动作脚本如下:

```
mysong = new Sound();
mysong.attachSound("GloomySunday");
mysong.start(0,100);
```

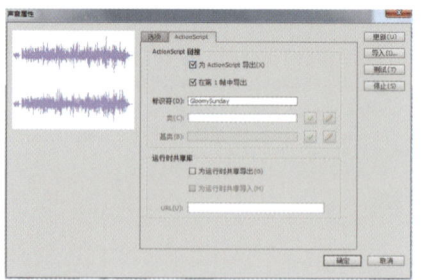

图 17

4 制作按钮打开和关闭背景音乐。将主场景图层"btn"上的小喇叭右键转化为"sound"影片剪辑元件,设置两个关键帧,再第一帧上写"stop();",如图所示。

感应区为透明按钮,也是两个关键:
在第一帧上给按钮添加如下动作脚本:
```
on (press) {
    _root.mysong.setVolume(0);
    gotoAndStop(2);
}
```

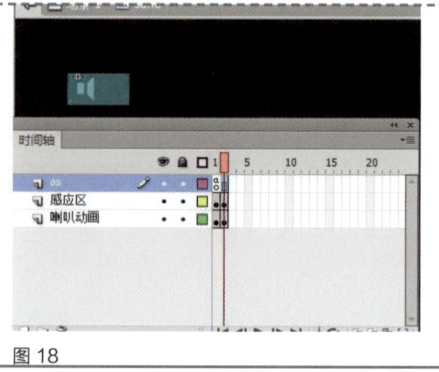

图 18

在第 2 帧给按钮添加如下动作脚本：
on (press) {
  _root.mysong.setVolume(0);
  gotoAndStop(2);
   }
  分别设置不同动作控制小喇叭的开和关的动画效果，第 1 帧为声音播放时的效果，因此在第 1 帧将小喇叭转化为"播放"影片剪辑元件，设置有声波的动画元件，如图 19 所示。

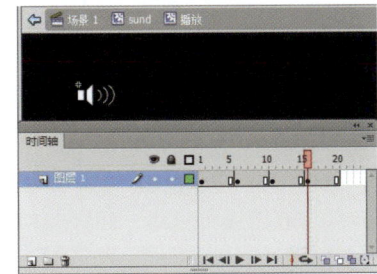

图 19

制作导航按钮

  5 现在制作导航菜单的交互动画及动作。回到主场景，将五个吊牌状的导航按钮分别转化为影片剪辑元件"welcome""profolio""about us""gallary"和"contact us"。以"welcome"为例来讲解详细制作，如图 20 所示，设置总长度为 12 帧，首尾帧分别写上"stop();"中间设置一个位移的间补动画效果，感应区域同样用透明按钮，在按钮上写上需要着重掌握的动作脚本：
on (rollOver) {
  _root.welcome.gotoAndPlay(2);
}
on (press) {
  loadMovieNum("welcome.swf",1);
  _root.gotoAndStop(51);
}

注意：
loadMovieNum("welcome.swf",1); "welcome.swf"是接下来要做制作的子页面 SWF 文件，"1"指的是"welcome.swf"导入到"index.swf"中时位于层级"1"。

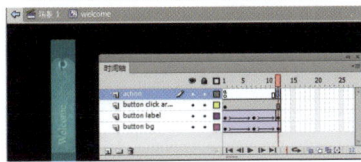

图 20

  6 接下来以同样的方法制作"profolio""about us""gallary"和"contact us"这几个按钮，保存，"index.swf"制作完毕。

制作二级页面

  7 这时还需要另外制作"welcome""profolio""about""gallary"和"contact"五个二级子页面的 SWF 文件。为了使其坐标保持一致，最好的方法是打开之前做好的"index.flv"，将页面重复的内容删除，只保留子页面需要的内容，然后选择另存为相应的 FLV 文件。这样便可以输出得到"welcome.swf""profolio.swf""about.swf""gallary.swf"和"contact.swf"，完成后退出 Flash，把刚才这五个文件加上主页"index.swf"放在同一个文件夹内，打开"index.swf"测试。

注意：
a loadMovieNum();
b attachSound("声音标志符")

实训2：弹性弹出式菜单组

【实例讲解】

菜单的交互设计是网站类广告设计必不可少的一部分，通常是以菜单组的形式出现的，内容安排常见的是一级菜单，点击后弹出下拉式二级菜单，甚至还有三级、四级菜单，现在以这一组内容作为一组菜单，来学习这种弹性弹出式菜单组的制作方法。

文件：实例源文件 /6/ 实例 2

【思路分析】

如图 21 所示，本实例的画面结构分为三个一级菜单部分，然后每个菜单可以下拉展开，在制作步骤上，每个一级菜单与其下拉菜单就是影片剪辑元件，先分别做好，然后就是将三个一级菜单放置在一起，通过其相对的位置 _y 坐标来实现联动效果，最后效果看起来仿佛有弹性的动态。

软件：Flash CS6

动画制作类
　　完整动画
　　特殊动画
　　遮色应用
　　文字相关
　　三维效果
　　Swish 相关
Action 脚本类
　　游戏
　　Action 应用
　　Loading 相关
　　鼠标行为
　　声音控制
　　登录脚本
　　文本变量
　　特殊效用
特殊效果类
　　视觉效果集
　　风雨雷电雪水
　　烟火光源

图 21

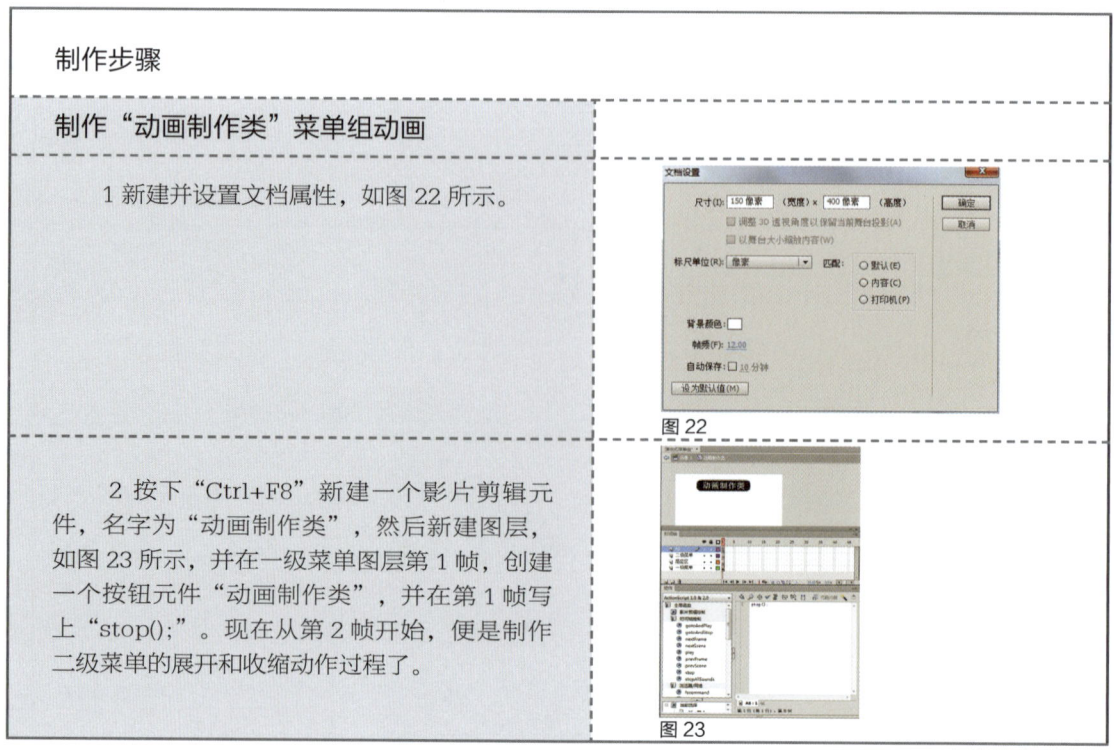

制作步骤

制作"动画制作类"菜单组动画

1 新建并设置文档属性，如图 22 所示。

图 22

2 按下 "Ctrl+F8" 新建一个影片剪辑元件，名字为"动画制作类"，然后新建图层，如图 23 所示，并在一级菜单图层第 1 帧，创建一个按钮元件"动画制作类"，并在第 1 帧写上 "stop();"。现在从第 2 帧开始，便是制作二级菜单的展开和收缩动作过程了。

图 23

3 "完整动画""特殊动画""遮色应用""文字相关""三维效果""Swish相关"这六个按钮分别用六个关键帧实现展开，六个关键帧缩回。现在在第7帧和第13帧分别设置关键帧并写上"stop();"，如图24所示。

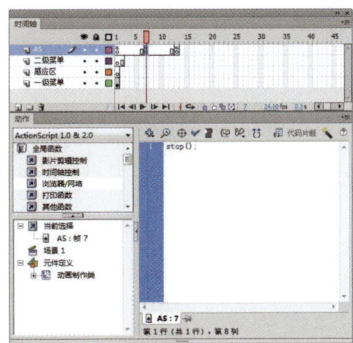

图24

4 制作二级菜单的展开过程，从第2帧到第7帧，逐帧展开，如图25所示。

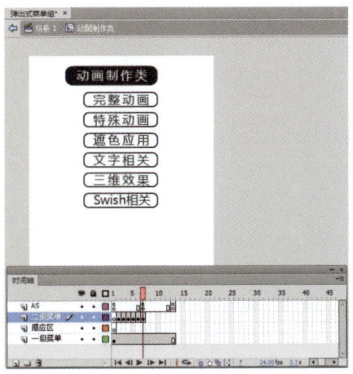

图25

5 然后制作菜单的缩回动画，这里有个技巧可以提高效率，缩回的动画其实就是展开的动画反过来。这里使用复制帧，然后翻转帧选项即可。现在选择刚才制作的从第2帧到第6帧右键复制，然后在第8帧点击右键菜单的粘贴帧命令，接着选中这些粘贴过来的帧，右键菜单选择翻转帧命令即实现了缩回的动画效果，如图26所示。

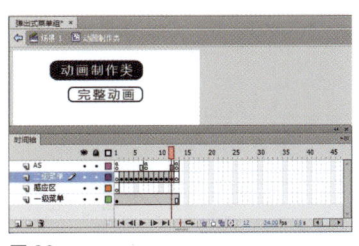

图26

6 根据二级菜单的位置感应区，注意感应区域要全部覆盖住一级菜单和二级菜单，对应刚才创建的二级菜单的关键帧来设置透明感应区域，透明按钮的制作方法在前面的例子中已经讲过，这里不再重复，创建好感应区域图层。如图27所示。

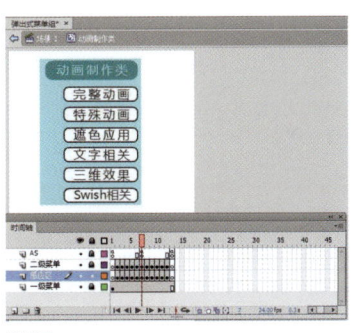

图27

给菜单组添加 ActionScript

7 给感应区域编写动作脚本，刚才制作的感应区域图层是用来设置鼠标 rollout（滑离）时的动作的，那么在展开过程动画对应的每一个关键帧的透明按钮上分别写上：
on (rollOut) {
　　gotoAndPlay(// 这里对应菜单缩回动画对应的关键帧即可);
}

按照右图这个思路我们来写从第 2 帧到第 6 帧的每个关键帧上透明按钮的动作分别为：
第 2 帧：
on (rollOut) {
　　gotoAndStop(1);
}
第 3 帧：
on (rollOut) {
　　gotoAndPlay(12);
}
第 4 帧：
on (rollOut) {
　　gotoAndPlay(11);
}
第 5 帧：
on (rollOut) {
　　gotoAndPlay(10);
}
第 6 帧：
on (rollOut) {
　　gotoAndPlay(9);
}

从第 9 帧到第 12 帧本来就是缩回动画部分，那么就直接写：
on (rollOut) {
　　play;
}

最后的第 13 帧和第 2 帧上菜单动画展开的位置是相同的，所以写法也相同，写如下：
on (rollOut) {
　　gotoAndStop(1);
}

> **注意**：
> 其中第 7 帧为菜单动画全部展开时所在的帧，要让其在鼠标滑离时缩回，只需往下播放即可，因此在第 7 帧的透明按钮上写上：
> on (rollOut) {
> 　　play;
> }
> 第 7 帧之前和之后的关键帧，正好成一一对应的关系，如图 28 所示，共分为 5 对一一对应的关键帧。

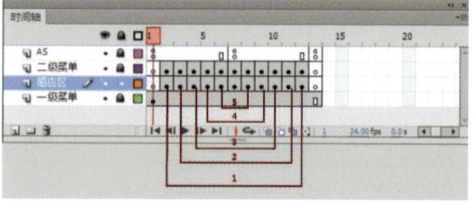

图 28

8 现在回到一级菜单"动画制作类"上，要编写脚本实现鼠标经过时二级菜单弹出，那么，选择按钮右键动作命令写上：
on (rollOver) {
    this.gotoAndPlay(2);
}

图 29

注意：
基本完成，按下 Ctrl+Enter 测试。这时出现了问题，鼠标滑过"动画制作类"时二级菜单弹出，但是鼠标向下点击二级菜单时，二级菜单随即缩回去了，这个问题解决的方法很简单，在第 7 帧二级菜单全部展开时，要给所有的二级菜单按钮写上：
on (rollOver) {
    gotoAndStop(7);
}

9 最后，按下"Ctrl+Enter"测试。第一组菜单完成，以同样的方法制作另外二组菜单组。三组菜单都已经完成，如图 29 所示。

实现缓动效果

10 现在要制作这样的交互效果，当第一组弹出下拉菜单时，第二三组也随即向下移动；当第一组菜单缩回时，第二三组也随即向上恢复原来的位置，并且运动中出现缓动效果看起来像是弹性的运动。

将三个一级菜单影片剪辑元件实例名分别命名为"m1""m2""m3""m4"，现在在"m2"上写上脚本，实现"m1"与"m2"的关联：
onClipEvent (enterFrame) {
    this._y += ((_parent.m1._y+_parent.m1._height)−this._y+10)*0.5;
}

现在在"m3"上写上脚本，实现"m3"与"m2"的关联：
    onClipEvent (enterFrame) {
        this._y += ((_parent.m2._y+_parent.m2._height)−this._y+10)*0.5;
    }

11 完成，按下 Ctrl+Enter 测试，如图 30 所示效果。

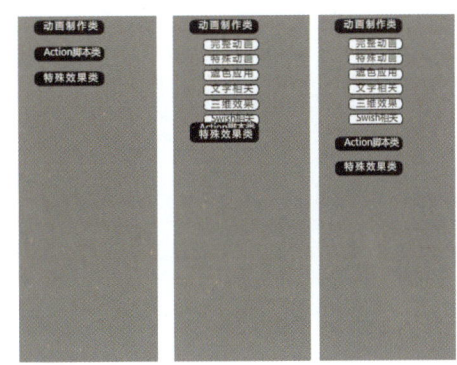

图 30

实训3：进度条

【实例讲解】

本实例是进度条（Preloading）的制作，从原则上说，所有要放在网络上的SWF文件不管是单个的还是多个SWF文件都需要制作进度条。可以在制作主体内容之前就一起做好，当然也可以先不考虑进度条直接先把主体内容做好，然后再加上进度条。

软件：Flash CS6
源文件：实例源文件 / 6 / 实例 3

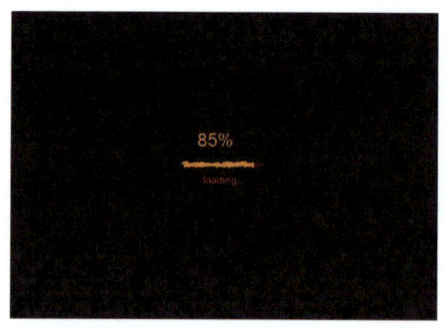

图 31

制作步骤

制作进度条动画

1 在主场景空出前四帧放置进度条的文件，从第 5 帧开始正式进入主体画面，如图 32 所示红框内的部分，为要制作的进度条的位置。

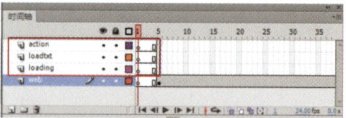

图 32

2 新建影片剪辑元件放置进度条动画效果（注：只做 100 帧），实例名为"Loadbar"，如图 33 所示；记得在这里的第 1 帧加"stop();"，否则在刚开始的时候 Loadbar 会自动播放，在一些文件较大的影片中尤为明显。并在库中将其拖到主场景"Loading"图层的前 4 帧。

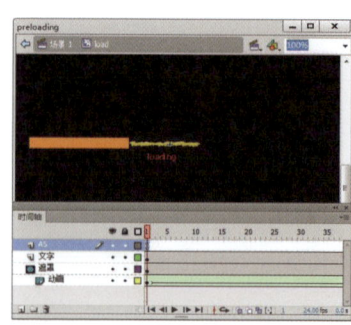

图 33

3 在主场景"Loadtxt"图层前 4 帧，用文本工具创建一个空白的动态文本框，变量名为"Percent"，用来动态导入进度的百分比，如图 34 所示。

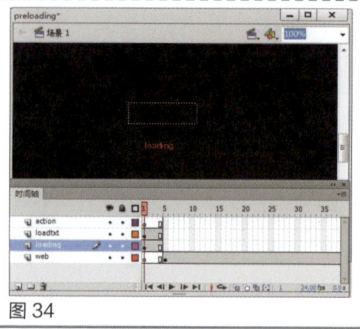

图 34

写 ActionScript 代码

4 现在素材都准备好了，开始写 ActionScript 代码，在主场景的"Action"图层上创建四个空白关键帧，分别在四帧上写上 ActionScript 代码。

第 1 帧：
loada = _root.getBytesLoaded();// 返回所加载的字节数
loadb = _root.getBytesTotal();// 返回总字节数
loadbar._visible=false;// 隐藏进度条
percent._visible=false;// 隐藏文字

第 2 帧：
if(loada==loadb){
        gotoAndStop(5);
}else{
        gotoAndPlay(3);
}

第 3 帧：
loada = _root.getBytesLoaded();// 返回所加载的字节数
loadb = _root.getBytesTotal();// 返回总字节数
pre = int((loada/loadb)*100);// 正在加载的字节数与总字节数的整数百分比
loadbar.gotoAndStop(pre);/* 进度条，注意在该 MC 的第 1 帧加 "stop();" 否则在刚开始的时候进度条会自动播放。在一些文件较大的影片中尤为明显。
percent.text = pre +"%";// 数字进度第 4 帧：
// 如果已加载的字节数等于总字节数，则播放到第 5 帧，否则返回第 3 帧

第 4 帧：
if(loada==loadb){
        gotoAndStop(5);
}else{
        loadbar._visible=true;// 显示进度条
        percent._visible=true;// 显示百分比文字
        gotoAndPlay(3);
}

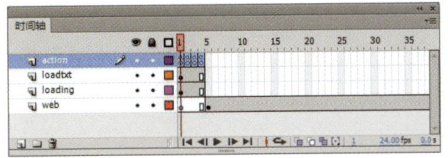

图 35

5 在第五帧开始做主场景的全部内容，这里就简单放置一个画面，如图 36 所示，实际运用中从第 5 帧开始就是丰富多彩的动画交互等网站内容了。

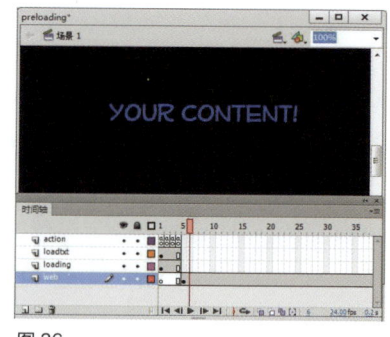

图 36

6 测试，注意：在 Flash 软件中"Ctrl + Enter"测试，通常看不到进度条演示，那是因为本地预览基本没什么预载缓冲时间，但放到服务器上情况就大不一样了，在本地电脑上测试进度条效果，下载速率可在"Ctrl + Enter"后的播放器中的"视图 > 下载设置"进行选择，然后勾选模拟下载即可预览，如图 37 所示。

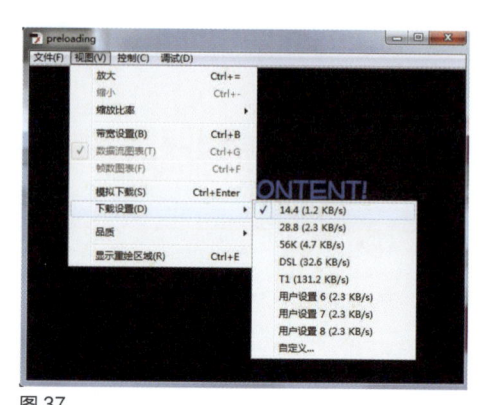

图 37

课后习题

1 自选一个品牌，设计一个形式新颖的网站类交互广告。
2 尺寸不限。
3 网页界面有创意，互动性好，导航完整，信息齐全。

第三节　课后练习及作业评析

注：以下作业动态源文件位置：实例源文件／作业二／

图 38 利俊峰《Lee》网站

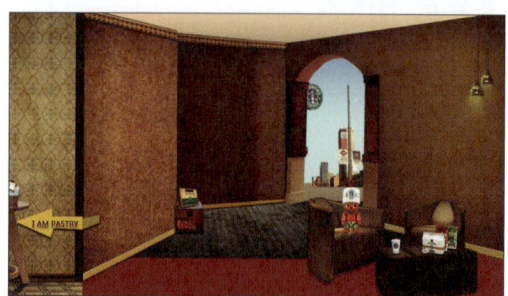

图39 旷丽兰 李文伟《星巴克咖啡》网站　　　　　　　　图40 朱进娣《城市画报》网站

图42 周惠《LG》网站

图41 陈芳玲、吴梦乔、黄婉君《百事可乐》网站

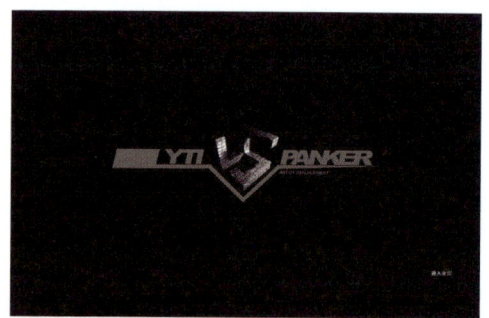

图 43 文兵《广州酷跑》网站

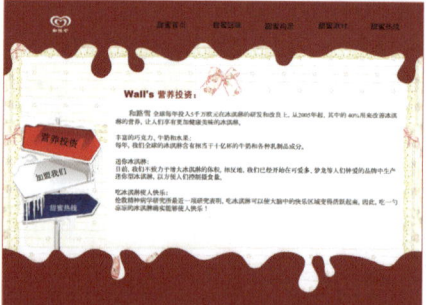
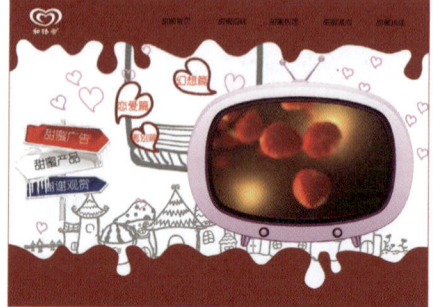

图 44 陈梦曦、黄爱珍、邓敏英《和路雪》网站

教师点评：

　　网络广告设计课程开设了很多年，其中不乏优秀的学生作品，由于篇幅有限，不能一一展示，从各种风格中分别挑出一部分学生的优秀作品作为范例教学。

　　同学们课题的选择多种多样，学生们思维很活跃也很丰富，这是令我欣慰的地方。其中图 38 利俊峰《Lee》牛仔裤三维互动网站是市场实题，是已被市场所采用的相当成熟的作品。无论是艺术性还是功能性，都处理得很完美，也是相当精彩的网络交互展示实例。他的作品也影响到后来的学生作品。图 39 为李文伟和旷丽兰的《星巴克咖啡文化》网站，该网站运用拼接的手法构建界面和场景，并将空间的切换与界面的转场自然结合，创意大胆，有艺术感。图 40 是来自酷爱 CG 插画的朱进娣同学作品。网站充满了令人耳目一新的插画，其均来自她个人的原创，其动态交互效果也是做得相当不错的。图 41 为陈芳玲、吴梦乔、黄婉君三人小组的《百事可乐》网站，怀旧的色彩展现了百事可乐悠久的历史，导航形式很有趣，整个架构风格统一。图 42《LG》是周惠同学的虚拟现实网站作品，该生三维动画能力很强，尤其在 LG 的网站中，全部采用三维动画的场景作为界面及转场，虚拟现实做得逼真流畅。图 43《广州酷跑》是文宾同学的作品，该网站运用了 2.5D 和视频静帧抠像的手法来构建虚拟现实场景，给人一种身临其境的真实感，其实景的视角选择独特，具有强烈的镜头感，冲击力强，结合酷跑运动的主题很贴切。图 44 为陈梦曦、黄爱珍、邓敏英三人小组的《和路雪》网站作品。内容很充实，也是以自己原创的手绘图形为主，甜甜的色调很能勾起用户的食欲。

　　总的来说，学生们的创意思路很开阔，虽然大多数是虚拟课题的训练作品，但从最终的效果来看，确实有一定的市场应用性。

本书主要参考文献

《设计师谈网页广告条设计》/（韩）郑慧淑 金善爱 著 / 电子工业出版社 出版
《网络广告学》/ 唐志东 编 / 首都经济贸易大学出版社 出版
《互动广告创意与设计》/ 刘文沛 应宜伦 著 / 中国轻工业出版社 出版
《企业形象设计》/ 靳埭强 著 / 上海文艺出版社 出版
《福田繁雄：设计创想图形意味》/ 福田繁雄 著 / 李红贵 译 / 上海人民美术出版社 出版
《品牌定位》/ 乔春洋 编著 / 中山大学出版社 出版
《设计品牌》/ 原田进 著 / 江苏美术出版社 出版
《网络广告案例评析》/ 王文成 莫凡 编著 / 武汉大学出版社 出版
《交互设计之路：让高科技产品回归人性》/（美）库帕（Coper, A.）编著 / 电子工业出版社 出版
《AdobeFlashCatalystCS5 交互设计大师之路》/ 郑宇 编著 / 电子工业出版社 出版
《点石成金：访客至上的网页设计秘笈》/（美）克鲁格 著 / 机械工业出版社 出版